W0366479

Vivre à la belle étoile

Véronique Gourmaud

Vivre à la belle étoile

Roman

LE LYS BLEU
ÉDITIONS

© Lys Bleu Éditions – Véronique Gourmaud

ISBN : 979-10-422-5608-1

Le code de la propriété intellectuelle n'autorisant aux termes des paragraphes 2 et 3 de l'article L.122-5, d'une part, que les copies ou reproductions strictement réservées à l'usage privé du copiste et non destinées à une utilisation collective et, d'autre part, sous réserve du nom de l'auteur et de la source, que les analyses et les courtes citations justifiées par le caractère critique, polémique, pédagogique, scientifique ou d'information, toute représentation ou reproduction intégrale ou partielle, faite sans le consentement de l'auteur ou de ses ayants droit ou ayants cause, est illicite (article L.122-4). Cette représentation ou reproduction, par quelque procédé que ce soit, constituerait donc une contrefaçon sanctionnée par les articles L.335-2 et suivants du Code de la propriété intellectuelle.

À mon papa…
Ma famille, mon mari et mes enfants

1

L'enfance est heureuse parce qu'elle n'a pas de lendemain.

Angélique Planchette

« Manon, lève-toi… c'est le moment… c'est maintenant… »

La nuit avait été courte et le soleil n'était pas encore levé. Avec la timide lumière du plafonnier du couloir, Manon apercevait à peine sa sœur dans l'entrebâillement de la porte…

« Dépêche-toi ! »

Tout juste réveillée, elle enfila ses chaussons et elle suivit Hélène qui se dirigeait dans la chambre d'à côté.

Manon se retrouva debout, en chemise de nuit, au milieu de ses frères et sœurs et de sa mère. Ils étaient tous devant le lit où était allongé leur père depuis plusieurs jours.

Manon venait de remarquer la présence de l'infirmière, assise sur un petit tabouret tout près du lit, et c'est à cet instant précis qu'elle comprit, terrorisée, le moment tragique qu'elle allait vivre…

Le ventre serré, elle n'osait plus respirer…

L'infirmière se leva, et le cœur de Manon se mit à taper dans sa poitrine. Elle scrutait le visage de cette femme, devenu si familier depuis plusieurs jours.

Manon la regarda s'asseoir au bord du lit et prendre la main de son père dans la sienne. L'infirmière baissa les yeux… C'était terminé…

Le père de Manon s'en était allé, entouré de sa femme et de ses enfants et certainement rassuré par la présence de l'infirmière qui avait été si présente et réconfortante.

Les sentiments de Manon se mélangeaient, elle avait soudainement la vue et les idées brouillées, elle sentait monter comme une vague d'émotions, la panique l'envahissait.

Elle était perdue et en même temps elle était comme soulagée ; soulagée d'avoir été là, soulagée que son père soit parti dans les conditions qu'il avait choisies, plutôt que seul dans une chambre d'hôpital.

Manon avait froid, elle frissonnait, envahie par un vide glacial et la peur de « l'après » qui s'installaient.

Elle n'avait pas bougé, immobile, elle regardait ses frères et sœurs. Eux-mêmes n'avaient pas bougé, ils étaient comme choqués et anéantis. Tout à coup, son frère Abel, l'aîné de la famille, sortit précipitamment, Manon le suivit. Il s'était réfugié dans la salle de bain, le visage enfoui dans une serviette pour étouffer ses sanglots. Elle s'approcha doucement pour le consoler, mais il se détourna violemment, submergé par son chagrin.

Manon réalisa soudain qu'elle n'était pas la seule à vivre un tsunami émotionnel.

C'était comme un cauchemar, pourtant elle savait depuis plusieurs jours, que ce moment tragique pouvait arriver, mais comment s'y préparer ? Et surtout, sa nature profonde, empreinte de positivité, l'avait maintenue dans un espoir permanent, et sans doute naïf, de voir son père guérir. Elle avait lu un livre dans lequel l'auteur parlait de la mort, il y décrivait une scène à laquelle Manon s'était raccrochée, et elle avait donc imaginé qu'elle pourrait percevoir, comme dans le livre, le dernier souffle de son père, voir son âme s'élever…

Mais rien de tout cela…

Son père était parti devant ses yeux, et elle n'avait rien vu.

C'était terminé, il ne pourrait plus la guider dans sa vie ni même la protéger. Elle perdait un parent et donc l'équilibre nécessaire pour avancer sereinement, en tous cas c'est ce qu'elle ressentait à cet instant.

De retour dans la chambre, elle contempla son père avec plein d'amour et de tendresse, elle regarda son visage qui s'était détendu, il était désormais paisible et délivré.

Elle ferma les yeux, complètement désemparée, c'était le premier jour de sa nouvelle vie.

L'enfance de Manon avait été heureuse, simple et pleine d'insouciance.

Elle avait grandi à la campagne, entourée de ses huit frères et sœurs, dans une famille joyeuse, empreinte de valeurs fortes et qui avait profondément foi en la vie.

Ses parents n'étaient pas riches, mais Manon n'avait manqué de rien, pas même de vacances au bord de la mer chaque été.

Des étés formidables, souvent dans des maisons sans confort, mais qui étaient propices aux souvenirs. Les journées se vivaient à la plage. Manon aimait les matins où, le petit déjeuner à peine terminé, elle aidait sa mère à préparer le repas du midi. Toujours composé de salades de crudités, de sandwichs, de fruits et de goûters : le nécessaire pour remplir une glacière et anticiper une journée de liberté sur le sable.

Manon aimait la mer, elle avait le sentiment, en la voyant, de respirer plus profondément. Elle passait des heures entières à se baigner, notamment avec Thierry, son grand frère, son parrain. Elle ne connaissait personne qui aimait l'eau autant que lui, dès qu'il pouvait se baigner, il le faisait ! Elle se sentait proche de lui, il la faisait beaucoup rire, elle l'aimait beaucoup.

Manon passait aussi son temps à sauter dans les vagues, et faire des jeux dans le sable avec son petit frère Grégoire. Il avait un an de moins qu'elle, mais elle lui donnait régulièrement la main, prenant son rôle de grande sœur très au sérieux. Elle avait toujours un instinct de protection envers lui.

Mais elle appréciait également les moments de farniente après le repas sous le parasol, couchée à plat ventre les mains sous la tête à observer les gouttelettes d'eau salée sur son bras bronzé. Elle les regardait sécher doucement pour finir en petites auréoles blanches.

Elle aimait rêvasser et se projeter dans un avenir qu'elle voyait toujours heureux ; imaginer des histoires où tout se déroulerait comme elle le souhaitait, et quand elle sortait de sa rêverie, elle passait le temps à regarder les gens autour d'elle. Elle les observait secouer leur serviette, rire et discuter fort comme s'ils étaient seuls sur la plage. Elle les voyait manger leur glace rapidement, plutôt que les déguster, pour éviter qu'elles ne fondent ; surveiller les enfants qui avaient tendance à s'éloigner un peu trop, et elle comprenait que même en vacances il était parfois difficile pour les adultes de se détendre complètement. Que nous étions ainsi faits, que profiter du moment présent n'était pas quelque chose d'inné, d'instinctif ou de naturel. Qu'il fallait en avoir conscience pour le vivre pleinement car la vie était remplie de contraintes logistiques qui nous aspiraient inlassablement.

La famille de Manon ne quittait la plage que lorsque le soleil entamait sa descente.

Tout le monde rentrait fatigué et un peu groggy, mais heureux.

Et après une bonne douche pour évacuer le sel et le sable, sans oublier de comparer les marques de bronzage, c'était l'heure du dîner.

Le père de Manon préparait souvent un barbecue avec les anguilles et poissons pêchés le matin même. La tablée était joyeuse et toujours très sonore, tout le monde parlait en même temps, mais qu'importe ! Pour Manon, c'était le bonheur d'être ensemble.

Les soirées se terminaient assis dehors, à regarder les étoiles, à discuter et à plaisanter en attendant qu'arrive, enfin, la fraîcheur de la nuit.

Ce que Manon appréciait beaucoup pendant les vacances c'était de partager sa chambre avec sa grande sœur Julie. Elle l'aimait tellement. Elle était à la fois sa sœur, sa meilleure amie, sa confidente… les vacances et l'absence de réveil le matin permettaient de discuter très tard le soir et de refaire le monde. Chacune se confiait, se projetait dans l'avenir, Manon écoutait religieusement sa grande sœur et savourait chaque instant de complicité avec elle qui était son modèle. Tous ces moments privilégiés de sincérité, de confiance, contribuaient à tisser solidement ces liens d'amour fraternel et de complicité entre elles.

La famille avait cessé de s'agrandir à la naissance de Théo.

Elle n'avait pas encore quatre ans, mais Manon gardera ce souvenir bien présent de cette fin d'après-midi où tous rassemblés, avec ses frères et sœurs, dans le salon, elle ne tenait plus en place. Elle attendait sa maman de retour de la maternité avec le bébé. Elle l'imaginait tel un baigneur vivant dont elle avait hâte de s'occuper. Elle avait entendu la porte du garage s'ouvrir et la voiture rentrer. Manon était tellement excitée et impatiente (un trait de caractère qui restera très présent chez elle) qu'elle faisait des allers-retours vers la porte comme si cette répétition de pas dans un sens puis dans l'autre allait accélérer le temps.

Elle entendit sa maman monter les escaliers, puis la vit ouvrir la porte suivie de son papa qui tenait le berceau. Il le posa sur la table et Manon, qui ne tenait plus, grimpa aussitôt sur une chaise pour regarder à l'intérieur. Elle se figea… à la fois perplexe et tellement déçue.

Elle regardait l'intérieur d'un berceau qui était vide, il n'y avait pas de bébé… Manon ne comprenait pas. Elle leva les yeux vers sa maman qui réalisa instantanément que personne n'avait expliqué la situation à Manon. Elle la prit sous les aisselles et la souleva pour la prendre dans ses bras. Après un gros câlin, elle lui expliqua que le bébé était resté à l'hôpital parce qu'il avait un « problème »…

C'est comme cela qu'on parlait à l'époque des enfants atteints de trisomie 21.

Théo avait fini par rentrer à la maison au bout de quelques jours, et dès que Manon rentrait de l'école elle courait le voir dans sa chambre. Il était tellement rigolo, son petit frère, et toujours souriant. Sa maman s'en occupait beaucoup, mais Manon n'était pas jalouse, il était petit et elle était grande désormais !

Manon avait pris son rôle de grande sœur très au sérieux quand Théo fit sa rentrée à l'école. Elle avait conscience de sa différence et elle voulait le protéger, elle s'en occupait à chaque récréation, quitte à se transformer parfois en véritable garde du corps, prête à en découdre avec quiconque se moquerait ou embêterait son petit frère.

Manon aimait beaucoup son école primaire, c'était une petite école de campagne tenue par un couple d'instituteurs.

Son maître était gentil, parfois sévère, mais toujours avec douceur et justesse ; Manon aimait ça, la justice. Elle aimait aussi l'odeur de cette classe, des craies neuves, les étiquettes avec les jours de la semaine en demi-cercle ; il y avait aussi de grandes fenêtres qui donnaient sur des arbres magnifiques qui bordaient la rue, et Manon se perdait souvent dans ses pensées, en regardant le feuillage se balancer doucement au bout des branches. Elle aimait beaucoup être de corvée de tableau (ce qui n'était pas du tout une corvée pour elle), effacer les trois tableaux d'une journée de travail, les rendre propres pour le lendemain, lui apportait la satisfaction du travail accompli et l'enthousiasme de retrouver une salle de classe propre et prête pour une nouvelle journée.

L'école était petite, il n'y avait que deux classes : les maternelles et les « grands ». Elles étaient séparées par un grand couloir au plancher de bois, avec au fond un imposant lavabo qui faisait la longueur du mur. Il était composé de 4 robinets et autant de savons jaunes en forme de mini ballon de rugby moulés autour d'un support en métal.

Manon voulait le même lavabo à la maison car il était à sa hauteur.

Son année de classe préparatoire fut très courte, deux semaines tout au plus. Manon avait passé toute l'année précédente à écouter les « grands » et en rentrant en classe préparatoire elle savait déjà lire et avait globalement de l'avance sur ses petits camarades ; son maître avait rapidement décidé de rencontrer ses parents pour les informer que Manon passait directement en classe supérieure.

Ses sœurs avaient beaucoup contribué à cette avance, notamment Hélène qui était déjà au lycée. Manon aimait beaucoup s'asseoir à ses côtés, le soir après le repas. C'était toujours le même rituel, Manon filait dans la chambre de sa sœur qui était installée devant son secrétaire avec pour seule lumière sa lampe de bureau. Elle approchait une chaise et la regardait travailler.

Elle observait son visage dans ce halo de lumière, complètement immergée dans son travail. Elle la regardait faire ses devoirs, écrire… Écrire des pages entières de sa belle écriture pleine d'arabesques. Hélène aimait aussi que Manon soit là, à ses côtés, telle une groupie fidèle. Manon l'admirait, elle était si belle avec sa peau mate, ses grands yeux foncés et sa magnifique chevelure brune. Elle aimait aussi sa personnalité très affirmée. Elle était populaire au lycée et elle sortait souvent le samedi soir même quand les parents n'étaient pas d'accord ; Manon était captivée par son tempérament si assuré, mais cela lui faisait un peu peur aussi. Manon essayait toujours de raisonner sa sœur pour ne pas que les parents se fâchent, surtout son père qu'elle détestait voir en colère. Ce qui caractérisait également Hélène, c'était le soin qu'elle mettait à faire les choses, le ménage notamment. Quand elle avait nettoyé une pièce, les lieux étaient d'une propreté incroyable.

Elle allait très loin dans le soin, dans les détails. Manon l'avait même vue repasser un billet de banque qu'elle venait de recevoir à Noël, pour qu'il prenne l'apparence d'un billet neuf !

Manon était fan de ses sœurs, elle était consciente de la chance qu'elle avait d'avoir des modèles plus âgés, elle écoutait souvent leurs conversations de « grandes », assise en tailleur sur leur lit, elle se faisait toute petite et elle apprenait énormément de choses.

Elle était aussi un peu leur jouet, notamment quand Hélène lui apprenait à chanter en espagnol par exemple, ou qu'elle lui faisait réciter des poèmes entiers dont Manon ne comprenait absolument pas le sens… Et toutes ces chansons de Jean-Jacques Goldman ou de Jacques Brel que Julie lui apprenait pour les mariages… Manon, telle une éponge, absorbait tout ce que lui enseignaient Julie et Hélène, c'était pour elles comme un jeu. Quant à Laurence, sa troisième sœur, elle était plus âgée, elle travaillait déjà, elle s'était occupé de Manon bébé, mais ensuite Manon passait plus de temps avec Hélène et Julie ; Laurence était rigolote et joyeuse, Manon aimait l'écouter parler et se préparer pour sortir. Manon s'amusait beaucoup de la voir choisir ses vêtements, faire les essayages et, une fois prête, la voir se parfumer de la tête aux pieds avant de partir danser.

Manon avait grandi dans la confiance, c'était une enfant plutôt sage, elle faisait en sorte que ses parents soient contents d'elle et qu'ils soient fiers. Elle n'aimait pas les conflits et trouvait son bonheur dans l'harmonie ambiante. Si parfois elle faisait des bêtises, ça n'en était pas pour elle ; comme ce jour où elle avait décidé de faciliter le trajet pour aller chez sa petite voisine. Elle trouvait tellement ridicule de devoir faire le tour du pâté de maisons pour rejoindre son entrée alors que leurs jardins étaient mitoyens. Elle décida donc, sécateur à la main, de faire une ouverture dans la haie !

Ou bien encore ce matin d'été, en vacances au bord de la mer, où elle s'était levée à l'aube, avant toute la famille, pour faire une surprise à son père. Il avait cette année-là trouvé une maison qui donnait sur une petite ferme et sa voiture était restée stationnée depuis plusieurs jours sous les arbres. Elle était bien ombragée, mais l'écurie était à quelques mètres et les mouches aussi. La belle voiture blanche ne l'était plus et Manon avait entrepris de la nettoyer pour rendre son père heureux. Il serait certainement ravi, en se levant, de découvrir sa voiture toute propre et ce fut le cas… jusqu'à ce qu'elle sèche…

L'ouvrage n'était pas si simple, munie d'une bassine d'eau chaude et de savon, Manon avait frotté aussi fort qu'elle le pouvait, mais le soleil avait fait son œuvre et tout était comme incrusté dans la carrosserie. Toujours poussée par cette volonté d'efficacité, n'étant pas une besogneuse, mais plutôt une efficiente, Manon décida de changer de méthode, et ce fut ensuite beaucoup plus simple pour elle de réaliser un travail impeccable en retournant l'éponge… du côté vert…

Manon aimait cette liberté et cette confiance que lui accordaient ses parents, notamment sa maman, qu'elle observait souvent et qui passait le plus clair de son temps dans la cuisine ou derrière la planche à repasser. Elle était toujours affairée, mais toujours disponible pour discuter en même temps qu'elle travaillait.

Toute jeune déjà, Manon l'aidait dans de petites tâches comme repasser des torchons ou équeuter les haricots verts. Mais une fois ses tâches accomplies, elle pouvait partir avec ses amis, souvent à vélo pour des pique-niques improvisés. Son petit groupe d'amis était composé essentiellement de voisins. Ils étaient tous quasiment du même âge et ils allaient à l'école ensemble. Lors de leurs sorties, le plus souvent après avoir pédalé sans destination précise, ils s'arrêtaient dans un champ au milieu de nulle part. Ils passaient des heures à jouer, rire, courir sans se soucier de rien. Dans un monde sans GPS ni téléphone portable, la liberté était bien réelle. Manon aimait ces journées d'été qui étaient rythmées par ces petits rendez-vous presque quotidiens.

Elle s'amusait à dévaler les routes de campagne à vélo le plus vite possible, le vent fouettant son visage et faisant tournoyer ses cheveux longs. Elle savait profiter pleinement du moment présent, de ces paysages d'été dorés, qui défilaient devant ses yeux, de ces arbres verdoyants dont on sentait la fraîcheur du feuillage en les dépassant, de ces prés parsemés de ballots de paille qu'elle s'amusait à escalader dès qu'elle le pouvait. Elle se sentait chez elle. C'était la liberté paisible, rassurante et propice à la rêverie.

Après le pique-nique, elle aimait s'allonger dans l'herbe et observer les grands arbres qui bordaient les champs. Elle était souvent captivée par le feuillage de la cime qui dansait doucement, inexorablement au rythme du vent ; on aurait dit que les feuilles filtraient de façon régulière les rayons du soleil, comme pour lui envoyer un message codé.

Et puis le soleil amorçait son déclin, il était l'heure de rentrer.

Le petit groupe d'amis se perdait très souvent quand il fallait choisir le chemin du retour, mais ils s'en amusaient beaucoup, ils étaient ensemble, rien ne pouvait leur arriver. Le plus important pour leurs parents était que chacun soit rentré à la maison pour le dîner.

Avec une grande famille telle que la sienne, ses parents ne pouvaient que fonctionner de cette façon, « à la confiance », et ils avaient raison. Manon aimait profondément la liberté qui lui permettait de se construire dans l'autonomie, la foi et sans crainte.

Les grandes fêtes de l'année comme Pâques ou Noël étaient des fêtes très respectées dans la famille, et la maison devait être briquée pour ces grandes occasions. Manon avait des tâches ménagères à accomplir comme cirer l'escalier qui menait au sous-sol. Elle aimait bien cette odeur de cire, elle l'associait à la propreté, aux préparatifs, à la fête. Ces veilles de dimanches, tout le monde s'affairait, ce qui créait une vraie émulation dans la maison, la maison était propre, les bonnes odeurs de cuisine flottaient dans l'air et présageaient d'une journée festive le lendemain.

Et puis, le samedi soir, c'était l'heure de la douche et du démêlage des longs cheveux bruns qui descendaient jusqu'en bas du dos de Manon. Sa mère s'affairait à lui faire deux tresses bien serrées, sur ses cheveux encore humides.

Face au miroir, Manon observait sa maman, elle l'aimait profondément et elle la respectait beaucoup, elle était sa boussole et Manon avait toujours besoin de ressentir son approbation dans tout ce qu'elle entreprenait. Sa mère était une femme forte, une vraie maîtresse de maison, un rôle qu'elle tenait à la perfection. Elle avait travaillé plus jeune dans un château en tant que gouvernante et elle avait une posture, une classe naturelle qu'elle tenait sans doute de cette époque. Elle était organisée dans la vie de tous les jours et pleine d'énergie.

Elle pouvait aussi être désarmante et touchante quand elle laissait paraître sa sensibilité, mais elle savait être aussi très blagueuse ; une femme joyeuse et qui aimait rire.

Elle faisait toujours la même blague à son mari le premier avril quand il était présent, et le père de Manon se faisait systématiquement piéger. Elle attendait qu'il ait mis ses bottes et soit bien arrivé au fond du grand jardin qui jouxtait la maison. Elle attendait qu'il ait les mains dans la terre pour l'appeler par la fenêtre en criant :

« Téléphone ! »

Il se relevait, un peu énervé, se dépêchait de rentrer par le sous-sol, enlevait ses bottes à l'entrée, se lavait les mains puis montait les marches quatre à quatre pour découvrir sa femme, poêle à la main, lui crier, entre deux gloussements :

« Poisson d'avriiiil ! »

Il avait toujours cette expression de surprise, mêlée de désarroi. Il redescendait furieux, sans doute contre lui-même, pour s'être fait prendre une énième fois. Alors que la mère de Manon se tordait de rire, le visage presque en larmes. Manon ne savait pas ce qui l'amusait le plus, si c'était la blague en elle-même ou le fait que son père se fasse piéger tous les ans dans les mêmes circonstances… C'était sans doute un peu des deux.

Manon regardait sa mère terminer de discipliner les cheveux épais et si longs.

Elle les aimait bien, ses cheveux, et, en y réfléchissant, c'est à peu près tout ce qu'elle aimait chez elle. Ses amies de l'époque avaient la taille fine, alors qu'elle était plutôt ronde et avec ses lunettes d'hypermétrope elle ne voyait pas vraiment un canon de beauté dans ce miroir embué de la salle de bain.

Côté vestimentaire, elle n'était pas non plus un modèle de mode, elle faisait de son mieux avec les vêtements qu'elle récupérait de ses sœurs. Néanmoins, à chaque rentrée scolaire, elle avait droit à un vêtement neuf et elle y réfléchissait plusieurs jours avant l'achat pour ne pas se tromper. Comme ce samedi de septembre avant sa rentrée en sixième. Manon était à l'arrière de la voiture en direction du centre commercial ; son père était heureux de ces moments où il faisait plaisir à ses enfants ; les après-midi dans ces grands centres commerciaux étaient aussi excitants que rares, et Manon ne savait plus où regarder, et que choisir. Après une longue hésitation devant un rayon qui débordait de vêtements colorés, elle avait fini par jeter son dévolu sur un pull rose fuchsia en grosses mailles avec les guêtres assorties.

Elle était tellement contente de cet achat, qu'elle l'aurait bien porté à la rentrée malgré les 22 degrés ce jour-là.

Ce n'est que plus tard, à l'adolescence, que sa liberté sera quelque peu freinée. Elle ne pouvait pas sortir le samedi soir au même rythme que ses amis. À l'époque, le programme festif entre lycéens était essentiellement de se retrouver dans un café et ensuite de partir en discothèque. Manon aimait beaucoup danser dans cette ambiance de fête et de joie, mais elle n'aura l'autorisation de sortir que tardivement…

Elle avait donc des week-ends beaucoup plus calmes que les jeunes de son âge. Elle passait ainsi ses soirées en famille et ensuite dans sa chambre à écouter la radio, pour enregistrer des cassettes audio et à pester contre l'animateur qui parlait alors que le morceau était commencé. Manon réfléchissait aussi beaucoup, allongée sur son lit, bercée par la musique. Elle imaginait sa vie future, elle échafaudait des scénarii et elle les visualisait dans les moindres détails ; elle aimait planifier sa vie. Elle aurait un travail intéressant et se construirait en tant que femme indépendante et autonome. Elle rencontrerait ensuite son futur mari, ils se marieraient, ils auraient des enfants qu'ils élèveraient du mieux possible, elle serait fière d'eux et elle recevrait leur amour comme un cadeau quotidien. Manon rêvait de cette vie simple, de petits moments de bonheur, et cela devenait son principal objectif de réussite.

Manon était très « détails » depuis toujours, elle s'attachait à voir ce que les autres ne percevaient même pas. Elle écoutait les conversations de ses parents avec les voisins ou avec leurs amis, celles de ses sœurs entre elles, et elle analysait toutes les réactions, la gestuelle, les non-dits. Elle décryptait beaucoup de choses dans ce qu'elle voyait et ce qu'elle entendait et comprenait aussi plus facilement les personnes. Elle aimait comprendre au-delà des mots, capter des pensées au travers des expressions du visage, de silences positionnés dans une phrase. Cela lui permettait d'être plus en connexion avec ce qui se passait, de s'approcher de la vérité. Son père disait souvent :

« Manon, elle ne dit rien, mais elle écoute tout. »

Il aurait pu rajouter : « Elle analyse tout. »

Ses années collège étaient simples, Manon avait des cours préférés comme le français par exemple avec cette professeure si passionnante. Elle était si vivante et animée par sa profession. Elle rayonnait et embarquait son auditoire quand elle commençait son cours. C'était un tel plaisir pour Manon de l'écouter qu'elle travaillait cette matière avec assiduité. C'était aussi le cas des cours d'art plastique que Manon appréciait particulièrement. Elle les vivait comme un moment de détente, non pas qu'elle était dissipée, mais elle était tellement concentrée dans ce qu'elle faisait que son esprit s'évadait au gré de son imagination. Elle passait beaucoup de temps sur ses devoirs de dessin notamment, elle aimait cette matière qui développait une partie d'elle qui ne demandait qu'à s'exprimer : la créativité.

Elle avait aussi ses copines, les rigolades, les premiers amoureux… Son premier rendez-vous avec un garçon. Manon le trouvait très beau, il était brun avec les yeux clairs ; elle l'observait à travers les vitres du bus alors qu'il ne la voyait pas. Mais au final il n'était absolument pas intéressant, et ce jour-là au cinéma, il l'avait embrassée. Elle avait lutté pour faire abstraction de son eau de toilette dont il s'était aspergé au point de lui donner la nausée. Ce jour-là, Manon était rentrée et elle s'était changée aussitôt pour ne plus sentir cette odeur, qui malgré cela avait imprégné ses souvenirs.

Manon était maintenant en quatrième, c'était le 13 mai, elle rentrait comme toujours à pied de l'arrêt de bus. Elle avançait sur le chemin vers la maison et elle aperçut ses sœurs derrière la baie vitrée du salon : elles l'attendaient.

À leurs visages, Manon comprit que quelque chose n'allait pas. Elle accéléra son rythme au point de se mettre à courir.

En rentrant, elle vit le visage de Julie empreint de peur et baigné de larmes :

« C'est maman ! »

La mère de Manon était entrée à l'hôpital le jour même. Elle devait subir une intervention chirurgicale fixée depuis plusieurs mois, mais ça ne s'était pas déroulé comme prévu.

Au moment de l'anesthésie, sa mère avait fait un choc allergique appelé choc anaphylactique, qui est une réaction allergique violente pouvant engager le pronostic vital. Sa mère était maintenant en réanimation…

Manon était bouleversée par cette nouvelle et complètement démunie. Elle était dans l'attente de nouvelles supplémentaires et des images commençaient à tourner dans sa tête, mais elle ne pouvait pas, elle ne voulait pas imaginer perdre sa maman ! Elle n'avait que 13 ans, c'était inconcevable… Manon commença à prier avec ses sœurs, à implorer le ciel pour que sa mère reste en vie, qu'elle reste avec elle…

…

Manon pouvait enfin respirer, sa mère fut ranimée, elle était revenue à la vie. Manon apprendra plus tard que l'anesthésiste, celui-là même qui avait injecté le produit devenu un poison pour sa mère, ce même anesthésiste lui avait également sauvé la vie.

Il connaissait bien la famille et c'est lui qui avait décidé à la fin des 30 minutes, considérés comme délai maximum, de continuer le massage cardiaque.

Il avait dit à l'équipe médicale : « Non, on ne peut pas abandonner, continuons encore un peu. » Et au bout de 40 minutes, le cœur s'était remis à battre. Les médecins de l'époque n'en revenaient pas. Même eux diront : « Un vrai miracle ! »

Sa mère s'en était sortie sans aucune séquelle ; les prières de Manon et de ses sœurs avaient été exaucées.

À cette époque, Manon avait quelques passions, notamment la musique et plus particulièrement le piano. Son père l'avait inscrite à des cours et il décida de louer un piano qu'il fit installer dans le sous-sol. L'arrivée de cet instrument de musique imposant et majestueux était un événement, d'autant qu'il avait un design ancien avec des chandeliers sur les côtés et un support à partition en métal dentelé qui se dépliait en accordéon. On aurait dit qu'il sortait tout droit d'un vieux saloon dans un western. Manon travaillait ses partitions et plus son père montrait qu'il était fier, plus Manon voulait lui faire plaisir.

Elle suivit plusieurs années d'apprentissage, et elle était consciente que cela représentait une somme d'argent importante pour ses parents. Alors elle ne voulait pas les décevoir. D'autant que son père avait fini par acheter un piano neuf qui trônait désormais dans le salon. Il prenait également sur son temps libre le samedi pour l'emmener aux auditions, parfois à plusieurs centaines de kilomètres de la maison, dans des salles immenses où Manon jouait derrière un rideau noir alors que de l'autre côté était positionné un jury qui notait la réalisation du morceau. Manon avait vu son père tellement fier lorsqu'ils avaient été filmés dans le public et qu'ils étaient passés au journal du soir sur une chaîne régionale.

C'était maintenant sa dernière année avec la professeur de piano et Manon savait que l'année suivante elle aurait le mari de celle-ci comme professeur. Un homme aveugle, passionné de musique, mais qui ne savait enseigner que par la peur, il terrorisait ses élèves et leur tapait sur les doigts à chaque fausse note. C'était impensable pour Manon d'associer la musique à de l'angoisse ; elle décida, au désespoir de ses parents et surtout de son père, d'arrêter le piano.

Les années lycée arrivaient et c'était, de loin, les meilleures, pour Manon. Elle était encore à cette époque dans l'insouciance de la vie qui était rythmée par prendre le bus, essayer d'écouter en cours, manger les bons repas que sa mère avait cuisinés et passer des heures le soir à choisir ses vêtements pour le lendemain. Les conversations entre copines qui tournaient souvent autour des garçons du lycée, les éclats de rire et les commérages omniprésents à cet âge étaient autant de distractions simples et légères qui convenaient à la Manon de l'époque.

Elle attendait le bus le soir avec sa meilleure amie Laura. Elle l'aimait beaucoup, sans doute parce qu'elles étaient très différentes toutes les deux. Laura avait beaucoup de douceur en elle et respirait la gentillesse, Manon l'admirait beaucoup car elle était également brillante, et travaillait assidûment, contrairement à Manon dont les notes étaient souvent moyennes sauf dans les matières qui la passionnaient.

Laura était attentive et à l'écoute quand son amie se confiait à elle et Manon prenait beaucoup de plaisir en retour à la distraire et à la voir éclater de rire à ses plaisanteries.

Elles passaient également de longs moments à discuter ensemble des sujets profonds, elles pouvaient parler de tout car elles se faisaient confiance.

Manon ne pouvait pas vivre sans la confiance, elle en avait besoin.

Et puis, quand Manon n'avait pas envie de parler, Laura comprenait et respectait, elle ne lui en voulait pas, elle savait qu'elle avait besoin de rester seule régulièrement. Alors Laura discutait avec les autres à l'arrêt de bus et notamment avec Étienne qui était le copain sympa et jovial.

Manon était intéressée par les garçons plutôt mystérieux, les grands, bruns, ténébreux, qui semblaient très sûrs d'eux, ce qui leur donnait un côté inaccessible.

Elle savait qu'elle n'avait aucune chance qu'ils la remarquent, mais elle aimait imaginer qu'ils étaient fous d'elle en secret.

Elle n'était pas au même stade que ses copines concernant les relations amoureuses, elle rêvait du grand amour. Elle pensait bien que ce n'était pas au lycée qu'elle le vivrait, c'était trop tôt et les garçons ne pensaient qu'à une chose, que Manon n'était pas prête à leur donner. Elle voulait vivre l'histoire d'amour avec l'homme de sa vie, cette histoire qu'elle avait construite, dont elle avait imaginé toutes les étapes, et qui correspondait à ses valeurs profondes.

Elle n'acceptait donc que de simples flirts à cette époque, car son objectif était LE grand amour : se marier, et fonder une famille. Donc au lycée, c'était bien trop tôt pour y penser.

Et puis, le lycée c'était le passage du baccalauréat, il fallait travailler, il fallait l'avoir, ce bout de papier, ce précieux sésame, pour continuer. Une période d'apprentissage qui n'était pas si simple pour Manon, car elle ne travaillait réellement que dans les matières qu'elle aimait. C'était toujours comme ça avec elle, à dépenser son énergie seulement dans ce qu'elle appréciait, ce qui l'animait, ce qui la passionnait.

Comme de s'investir dans l'éducation et le développement de son petit frère Théo. Ses parents avaient entendu parler d'une méthode alternative révolutionnaire permettant le développement de l'enfant par la motricité, et la répétition : la méthode Glen Doman, du nom de son inventeur.

Les parents de Manon étaient extrêmement motivés, mais ils n'avaient pas les moyens d'aller à Philadelphie aux États-Unis. Cette année-là, la chance était avec eux car l'équipe de ce médecin se déplaçait dans les pays étrangers et avait prévu de passer un mois en France.

C'était décidé, il fallait y aller.

Manon voulait participer activement à cette expérience si enthousiasmante, imaginer son petit frère lire, compter, récupérer le niveau intellectuel de son âge, la motivait énormément.

Le rendez-vous était pris, Manon était pleine d'espoir.

Après de longues heures de route, ils furent enfin arrivés dans cette structure adaptée pour l'occasion. Une femme souriante qui parlait français se présentait à eux, et c'est alors que la journée marathon qui les attendait démarra. Théo fut testé physiquement, analysé intellectuellement, évalué sur tous les plans et il se prêtait à toutes les demandes comme si c'était un jeu pour lui. En fin de journée, Manon avait imaginé qu'on leur ferait un compte rendu, mais au lieu de cela on les invita à se représenter le lendemain avec Théo pour découvrir la méthode qui lui serait la plus adaptée afin de l'assimiler et pour ensuite pouvoir l'appliquer.

Le lendemain, c'était à Manon et ses parents de travailler un peu. On leur fit découvrir les nombreux aspects du processus de développement de l'enfant, ils apprirent toutes les étapes de la vie de bébé comme le ramper, marcher à quatre pattes, qui sont des processus essentiels dans le développement psychomoteur, mais aussi pour établir les connexions essentielles au niveau du cerveau.

Il fallait donc repasser par ces étapes pour que Théo reprenne un développement neurologique normal. Cette méthode impliquait un investissement important sur le plan financier, humain et en termes de temps à y consacrer. Un nombre d'heures important par semaine était nécessaire pour mettre en place cette méthode, il fallait trouver des personnes disponibles pour le patterning, pour les exercices, pour la course à pied…

Manon et ses parents étaient décidés et ça ne leur faisait pas peur.

C'est ainsi que toute la famille s'est organisée pour monter une association et recruter les bénévoles.

Ils aménagèrent une grande pièce avec tous les ateliers de motricité dans l'ancienne maison familiale.

Avec ses parents, Manon avait formé tous ses frères et sœurs et chacun s'occupait activement de Théo. Elle avait confectionné des centaines de cartons avec des mots écrits en rouge et elle les faisait défiler plusieurs fois par jour devant Théo, en disant à voix haute le mot. Après quelques semaines seulement, Théo avait appris à reconnaître quelques mots. Au bout de quelques mois, il était devenu très sportif et il savait compter, lire, il était plus énergique, cette méthode fonctionnait sur lui, pour le plus grand bonheur de toute la famille. Manon voyait ses parents heureux de ces progrès incroyables et elle était ravie d'avoir contribué à cette évolution.

Cette méthode était comme un entraînement et elle ne devait pas être stoppée. Seulement Théo devait intégrer un IME et il ne pouvait plus suivre ses exercices quotidiens.

Il ne rentrait que le week-end et Manon s'apercevait, au fil des semaines, qu'il n'avait plus le même niveau d'énergie. Il n'avait pas assez d'activité, il n'était pas stimulé de la même manière et passait plus de temps à confectionner des gâteaux et à les manger qu'à pratiquer du sport et lire… Il régressait.

À son passage en terminal, Manon ne savait absolument pas quelle voie choisir après le lycée. Elle préparait un bac B, économique et social, ce n'était pas forcément son choix, mais celui de ses professeurs qui l'avait orientée. Elle aimait beaucoup la philosophie, c'était une matière qui développait son esprit et sa réflexion, elle suivait assidûment tous les cours, et les sujets du jour continuaient souvent à faire débat lors des intercours.

Manon était aussi attirée par la justice, la défense des autres, et le bac en poche c'est tout naturellement qu'elle se dirigea vers des études de droit.

Les années supérieures furent pour elle une période de transition, d'ailleurs elle ne gardera pas de contacts de ces années-là. Sauf son coiffeur qui deviendra un ami qu'elle rencontra lors d'un rendez-vous pour couper sa chevelure devenue trop longue. Au fil des rendez-vous, ils sympathisèrent et se retrouvaient régulièrement le vendredi soir pour des séances d'entraînement dont le terrain de jeu était sa tête ! Marius avait de grandes ambitions malgré son jeune âge et il voulait être au top dans tous les domaines de la coiffure. Il souhaitait se perfectionner sur les chignons et il avait demandé à Manon si elle était d'accord. C'est ainsi que régulièrement le vendredi soir ils sortaient boire un verre après la séance d'entraînement, Manon se faisait souvent remarquer dans la rue arborant des chignons extrêmement sophistiqués qui détonnaient complètement avec sa tenue jeans/baskets.

Manon n'avait jamais ressenti le besoin d'élargir son cercle amical. Elle avait son groupe d'amis d'enfance qu'elle gardait jalousement et qui était très important pour elle, c'était comme un repère qu'elle aimait et qui la rassurait : Laura, Jules, Felix, Morgane, Robin feraient toujours partie intégrante de sa vie. Sa famille et ses amis d'enfance lui suffisaient. Ils suffisaient à son équilibre et à l'harmonie qu'elle recherchait. Plus tard, dans sa vie de femme, elle agrandira ce cercle d'amis en y incluant des personnes qu'elle aura plaisir à fréquenter parce qu'ils seront naturels et simples cherchant avant tout à profiter du moment présent, autant de qualités chères et essentielles à Manon.

À la fac, les personnes qui l'entouraient dans l'amphi lui semblaient trop éloignées d'elle, elles avaient des parcours différents et ceux qu'elle côtoyait lui semblaient paumés, sans véritable objectif dans la vie. Un peu comme s'ils vivaient au jour le jour sans savoir vraiment ce qu'ils voulaient. Au-delà de ça, ils avaient une vision de la vie et une façon de penser qui étaient très éloignées de ses valeurs, elle n'avait pas grand-chose à partager avec eux. C'était sans doute parce qu'elle ne s'ouvrait pas suffisamment à eux. Elle ne trouvait pas l'envie, ne ressentait pas la confiance si essentielle à ses yeux, elle restait sur ses gardes.

Elle passait souvent pour une personne hautaine ou mystérieuse, mais la vraie raison est qu'elle voulait se protéger. Elle réussira néanmoins à se lier à un groupe de trois copains qui la faisaient beaucoup rire et avec qui elle pouvait partager de vraies conversations.

Manon avait la chance d'être logée par Hélène et son mari. Cette situation était idéale pour elle et les moments en famille qu'elle passait chez eux lui permettaient de garder cet équilibre qu'elle affectionnait tant. Ce cocon familier la rassurait et lui permettait de compenser ces années d'études où elle ne trouvait pas de plaisir ni d'avenir. Manon se retrouvait comme à la maison avec ses repères du cercle familial. Elle pouvait s'occuper de ses neveux et nièces qu'elle aimait tant et partager des moments privilégiés avec sa sœur et son beau-frère.

Elle avait conscience de ce qu'Hélène et son mari faisaient pour elle en l'accueillant dans leur foyer et ils auraient toujours une place à part dans son cœur.

2

Renoncer ? Mon ami, souviens-toi que dans la vie rien n'est jamais perdu tant qu'on ne baisse pas les bras, tant que l'on continue à lutter, l'espoir reste vivant et l'issue possible.

Anne Pouget-Tolu

Au moment du décès de son père, Manon avait été aspirée dans le tourbillon des préparatifs de l'enterrement, elle voulait y participer au même titre que ses frères et sœurs. Elle voulait aider sa mère qu'elle trouvait incroyablement forte. Il avait aussi fallu trouver une tenue pour le jour de l'enterrement : un tailleur noir, c'est ce qu'elle avait choisi. Elle acheta également d'autres vêtements noirs car elle souhaitait respecter le deuil de son père. Elle porterait donc du noir pendant un an. Au cimetière, Manon avait accueilli les personnes qui l'avaient embrassée, serrée dans leurs bras, réconfortée. Elle avait été entourée et ne s'était pas sentie seule ce jour-là, mais elle restait vide de la présence de son père.

Elle devait être forte, c'est ce qu'elle s'était promis.

C'est ainsi que trois jours après l'enterrement, elle reprit les cours ; elle devait passer sa soutenance la semaine suivante. Ce jour-là, elle avait le trac bien évidemment, mais elle était déterminée à réussir. Manon n'avait rien montré de sa profonde tristesse face au jury, elle avait même été portée par une force soudaine et les mots sortaient tout seuls. Comme si elle avait été soutenue et aidée…

Elle avait obtenu une très belle note et, son diplôme en poche, elle était soulagée, tellement fière d'avoir réussi malgré cette période de sa vie si compliquée.

Elle décida d'appeler à la maison et sa mère ravie la félicita chaleureusement. Mais tout à coup Manon eut un sursaut de lucidité comme un réveil brutal, elle ne pouvait plus parler… La gorge complètement serrée.

Elle réalisa qu'elle ne pouvait plus dire à sa mère « passe-moi papa »…

Comme un cauchemar qui devient réalité, elle prit conscience que son père n'était plus là.

Aujourd'hui il était absent pour se réjouir avec elle de l'obtention de son diplôme, et il ne sera plus jamais là pour partager les moments de sa vie les plus simples comme les plus importants. Il ne connaîtrait pas son futur mari, n'assisterait pas à son mariage, il ne verrait jamais ses enfants ! Depuis son départ le manque s'était installé tout doucement et sans bruit au fond d'elle, jour après jour il avait alourdi son cœur et d'un seul coup il surgissait sans prévenir. Manon fut envahie par une bouffée de chagrin, elle éclata en sanglots, longs et profonds.

Les larmes salvatrices coulaient sur ses joues, depuis plusieurs minutes, libérant toute cette tension accumulée par la douleur, la pression des examens, la vie qui avance à toute vitesse. Elle n'essayait pas d'arrêter ce flot d'émotions qui s'échappait ; elle allait peut-être enfin… Commencer à faire le deuil de son père et aussi de sa vie d'avant.

Ce père qui avait été à la fois aimant et craint par ses enfants ; il avait cette autorité naturelle qui lui permettait, sans même prononcer un seul mot, de se faire comprendre par un regard ou un geste. Même s'il n'était pas présent la semaine, traversant la France pour son travail, quand il rentrait le vendredi après-midi, il reprenait sa place de chef de famille.

Il décidait de tout ce qui concernait l'argent, il gérait son budget, avec autant de minutie qu'un horloger suisse. Manon aimait l'observer régulièrement faire son rituel particulier le samedi matin, même si au début elle ne comprenait absolument pas ce qu'il faisait. Il avait une règle dans la main, un crayon dans l'autre, et faisant des traits sur un relevé plein de numéros tout en cochant le talon de son carnet de chèques.

Même s'il regardait chaque dépense de près, cela n'empêchait pas son père de ramener un petit quelque chose de ses semaines loin de sa famille. Évidemment, pas à chacun de ses enfants, mais il trouvait toujours quelque chose à partager. Un jour, il avait ramené ce nougat de Montélimar qui paraissait gigantesque aux yeux de Manon. Elle était petite car la table de la cuisine lui arrivait à hauteur des yeux et elle observait ce couteau dans la main de son père, dont la lame faisait huit traits espacés de manière équitable, pour que chacun puisse avoir son beau morceau.

Son père c'était aussi un homme qui aimait être propre, bien coiffé, bien rasé, sentir bon l'après-rasage et avoir des mains et des ongles entretenus ; il était viril, mais prenait soin de lui et de son apparence, Manon aimait ça.

… Son père lui manquait terriblement…

Deux mois s'étaient écoulés depuis ses funérailles.

L'été était enfin arrivé, Manon avait décidé de faire quelque chose pour sa mère et pour la maison… Cette maison que son père avait tant aimée dont il avait imaginé tous les plans. Il l'avait souhaité avec des pierres de taille pour finir les angles avec un résultat qui le rendait si fier. Manon voulait entretenir la maison, la rénover un peu, en commençant par la pièce de vie. Elle entreprit donc de repeindre le salon et la salle à manger dans des tons clairs et elle se faisait un point d'honneur à le faire seule. Le résultat était plutôt réussi et elle était fière et heureuse d'avoir contribué à rendre ce lieu plus agréable et plus lumineux.

Sa mère était ravie. Elle entreprit ensuite de repeindre les volets en bois qui en avaient terriblement besoin, mais c'était un chantier de plusieurs semaines puisqu'il n'y en avait pas moins de 16 au total… Manon avait minimisé l'ouvrage.

Son frère aîné, Louis, était célibataire, il vivait chez sa mère, le temps de rénover l'ancienne maison de ses parents qu'il avait rachetée, et qui se trouvait de l'autre côté de la rue. Manon comprit qu'il était très conscient de l'ouvrage qu'elle entreprenait et il eut sans doute un peu pitié d'elle. Il décida de l'aider sur le travail le plus ingrat : le ponçage.

De toute façon, Manon avait du temps, elle ne commençait dans son tout premier travail au mois de septembre.

Elle avait répondu à une annonce qui n'était pas tout à fait dans son domaine d'activité, mais il lui fallait une première expérience et elle voulait commencer à travailler et à gagner sa vie. Elle était heureuse et soulagée d'avoir trouvé aussi facilement.

Les premières semaines étaient très motivantes, entre les formations et les accompagnements en rendez-vous clients, Manon ne voyait pas les journées passer. Elle était fière d'avoir son indépendance, un travail, un salaire, elle avait le sentiment d'avoir coché la première étape de son objectif de vie.

***

Un an s'était écoulé et Manon était très investie dans son travail. Ses collègues ne restaient pas longtemps en poste, le travail n'était pas facile et elle commençait à voir les personnes démissionner les unes après les autres. À ce rythme, elle serait la plus ancienne dans son service…

Elle avait bien évolué et elle encadrait trois personnes. Elle gérait son emploi du temps en essayant de maximiser ses rendez-vous et ses résultats en début de semaine pour pouvoir s'accorder régulièrement son vendredi.

Manon avait pris un appartement en location près du siège de l'entreprise, et Laura était venue l'aider à emménager. Manon essayait de passer un maximum de temps avec sa meilleure amie pour garder son équilibre et aussi pour leurs séances de shopping incroyables !

Manon était très indépendante, et toujours célibataire, malgré quelques sollicitations d'hommes avec lesquels elle ne pouvait absolument pas se projeter. À croire que personne n'avait la même vision de la vie qu'elle. Dans son environnement professionnel, tout le monde était marié ou divorcé, mais personne n'avait de respect pour son conjoint.

Plus les mois passaient et plus elle ressentait la solitude s'installer ; soit elle était trop exigeante, soit plus personne ne partageait ses valeurs. Elle était plongée dans un monde professionnel où l'argent était roi et où les hommes envisageaient les femmes plus comme des objets, des biens de consommation, que comme des épouses respectables. Manon ne trouvait plus sa place et elle commençait à désespérer de voir son projet de vie aboutir.

La fatigue, liée aux très nombreux kilomètres qu'elle parcourait chaque semaine, commençait également à lui peser.

Elle tirait sur la corde et elle ne savait pas comment faire pour ralentir, elle était comme aspirée dans un tourbillon dont on ne peut plus s'éjecter.

Un jour très pluvieux, elle était sur la route comme à son habitude pour se rendre sur le lieu de son prochain rendez-vous. Elle jeta un coup d'œil sur son sac posé sur le siège passager pour vérifier qu'elle avait bien son agenda, et elle ne s'aperçut pas qu'elle s'était déportée sur le côté de la route. Sa roue avant droite dérapa sur la chaussée glissante. Sa voiture devint incontrôlable et elle s'envola vers un champ en contrebas. Les tonneaux s'enchaînèrent. Manon eut l'impression que le temps s'écoulait au ralenti, qu'il s'étirait au rythme de ce paysage qui tournait sous ses yeux dans un bruit assourdissant. Elle attendait que tout s'arrête, incroyablement calme, son corps ballotté dans tous les sens au milieu de l'ensemble du contenu de son sac à main. Elle n'avait qu'une chose en tête : ne pas mourir, et elle priait le ciel d'avoir la vie sauve.

La voiture stoppa net sur le capot. Le silence d'un seul coup était saisissant. Manon n'osait pas bouger, elle entendait sa respiration rapide, sentait son cœur tambouriner, elle n'arrivait pas à se repérer dans l'espace, le ciel était en bas.

Doucement, elle commença un check-up de son corps. Même si ses jambes étaient anesthésiées par la peur, elles avaient l'air de répondre aux sollicitations du cerveau. En revanche, Manon avait très mal à la nuque, sans doute une conséquence de la tension exercée par ses bras et ses mains qui s'étaient fortement crispés sur le volant.

Au bout de plusieurs minutes d'efforts, Manon réussit à s'extraire du véhicule et elle attrapa son portable qui était resté miraculeusement dans la poche de son manteau.

Elle composa le 18.

Manon était maintenant assise dans l'herbe mouillée et regardait sa voiture, ou plutôt ce qu'il en restait, avec beaucoup de nostalgie. Il fallait s'y résoudre, cet amas de tôle qui fumait devant ses yeux ne serait jamais plus en état de fonctionner.

Manon sortit de l'hôpital avec seulement une minerve. Le médecin urgentiste qui s'était occupé d'elle lui avait bien dit qu'elle avait eu beaucoup de chance de s'en sortir aussi bien, compte tenu de l'accident qu'elle avait subi.

Les quelques jours de repos qui ont suivi permirent à Manon de réfléchir, elle sentait que la fatigue était bien présente et cet accident commençait à entamer sa motivation à continuer dans cet emploi qui lui imposait d'être sur la route en permanence.

Mais si un avertissement n'avait pas suffi à la décider complètement, le second ouvrit en grand la porte du changement dans son esprit.

« Mademoiselle, mademoiselle ! Vous m'entendez ? »

Manon était plongée dans un brouillard sombre et elle distinguait à peine la silhouette d'homme qui tapait à la vitre.

« Mademoiselle, j'entends les pompiers, ils arrivent, ne bougez surtout pas. »

Bouger ? Elle en était incapable, Manon était complètement inerte, son corps ne répondait pas à sa volonté, comme s'il n'avait plus aucune force.

Elle commençait néanmoins à retrouver progressivement la mémoire, par bribes complètement décousues. Puis elle eut un flash, elle avait été violemment percutée par un véhicule…

Ce mercredi, Manon voyait à peine la route sous cette pluie battante. Les essuie-glaces étaient au maximum, mais il semblait leur manquer une vitesse supplémentaire pour évacuer les seaux d'eau qui s'écrasaient sur son pare-brise et dont le bruit assourdissant masquait complètement la musique diffusée par l'autoradio. Manon était sur une route départementale et elle s'apprêtait à tourner à gauche vers le lieu de son rendez-vous.

Elle mit son clignotant, et le poids lourd qui la suivait ralentit. Après avoir vérifié dans ses rétroviseurs, elle s'engageait. Tout à coup, elle aperçut dans son champ de vision périphérique gauche une forme qui s'approchait et qui fonçait droit sur elle. Elle se souvient avoir tourné la tête sur sa gauche juste avant l'impact et avoir vu cette berline vert foncé, qui avait entrepris de doubler le camion.

Le choc d'une extrême violence se fit sur l'arrière gauche de sa voiture qui la fit partir en tourbillons incontrôlables sur une route qui était plus que glissante.

Manon ne voyait plus rien, sa tête venait de percuter la vitre.

Elle fut prise en charge rapidement par les pompiers, et le chauffeur du camion put témoigner qu'elle n'avait commis aucune imprudence ni aucune infraction. Elle commençait à retrouver ses esprits et avait pu être rapidement interrogée par la gendarmerie. Elle était dans un des camions de pompiers, sa main dans celle d'un jeune homme en uniforme bleu marine qui lui posait les questions de routine et lui demandait comment elle s'appelait. Tout à coup, elle vit débarquer un personnage, la soixantaine bien installée, visiblement furieux et qui, sans même saluer le pompier, l'apostropha pour savoir si tous les contrôles d'usage, notamment d'alcoolémie et de stupéfiants, avaient bien été effectués sur elle.

Manon était choquée et abasourdie par le culot de cet homme qui visiblement était le conducteur du véhicule qui l'avait percutée et qui avait failli la tuer. Il insinuait sans aucune gêne qu'elle pouvait avoir été à l'origine de l'accident. Le pompier somma l'homme de sortir du camion et entreprit de rassurer Manon, tous les tests avaient été effectués et il était clairement avéré qu'elle n'avait aucun tort dans cet accident.

Encore une fois, la chance était avec elle et elle s'en sortait avec quelques contusions et des vertèbres déplacées.

Elle décidait de rentrer chez sa mère pour sa convalescence et pour se reposer quelques jours.

Ce dimanche matin, elle se retrouvait dans cette chapelle qu'elle fréquentait depuis sa plus tendre enfance. Elle écoutait les chants et elle lâcha prise, laissant son esprit vagabonder. Elle ne sut si c'était la mélodie de l'harmonium ou les paroles de ce cantique…

Mais elle ne put retenir ses larmes, personne ne pouvait la voir assise tout au fond de ce lieu, si sécurisant et rassurant. Elle laissa cette charge émotionnelle déferler sur ses joues, elle se laissait aller à cette libération de tout ce stress, et de cette solitude qui lui pesait.

Elle ne voyait plus d'horizon à sa vie, elle était bloquée dans un travail qui la vidait littéralement de son énergie, dans lequel elle ne s'épanouissait plus, et qui était devenu dangereux. Elle était seule toute la semaine, et entourée de collègues et de connaissances qui ne partageaient pas ses valeurs.

Manon allait avoir 25 ans ; son objectif qui était de rencontrer l'homme de sa vie et de fonder une famille était en train de s'éloigner doucement, inlassablement. Il finirait sans doute par s'effacer si la situation ne se débloquait pas.

Ce qui était certain c'est qu'elle ne pouvait pas dans les conditions actuelles et avec les personnes qu'elle côtoyait au quotidien, trouver l'homme de sa vie et avancer dans son projet. Elle préférait rester seule.

Mais son objectif de vie était de construire une famille, c'était vital pour elle, pour son équilibre, et sa conception du bonheur.

Ses larmes coulaient doucement et son père arrivait dans ses pensées. S'il avait été là, il lui aurait sans doute conseillé de changer de travail… Elle commença doucement à s'adresser à lui comme dans une prière, lui demandant de veiller sur elle et de ne pas la laisser tomber.

Une nouvelle fois.

Elle remettait son destin entre les mains de son père. Elle était tout à coup tellement confiante, comme si on venait de lui donner une dernière chance, celle qu'il ne fallait pas gâcher et qui allait tout changer. Elle demanda donc à son père de l'aider à trouver sa voie, de lui montrer le chemin qu'elle devait suivre, qu'elle lui faisait entièrement confiance et qu'elle suivrait les signes qu'il lui enverrait. Son cœur s'emplit soudain d'une grande confiance, d'une grande sérénité et d'une grande joie.

Les gens commençaient à sortir de la chapelle et elle restait assise comme pour faire durer ce sentiment de plénitude qui l'avait envahie ; elle était maintenant seule, elle se leva doucement, inspira profondément et sortit d'un pas léger.

Elle était entrée si désespérée dans ce lieu inspirant et elle en sortait si réconfortée, et sereine.

Manon avait toujours suivi son intuition et à cet instant son intuition lui disait de faire confiance à son père, de faire confiance au destin.

Le week-end suivant, elle avait déjà bien récupéré de son accident, ses douleurs cervicales s'étaient largement atténuées et elle ne sentait plus les courbatures dans ses épaules. Elle avait prévu avec Laura de se retrouver le soir même dans un café, celui où elles avaient l'habitude de se retrouver quand elles étaient au lycée, cela faisait longtemps qu'elles ne s'étaient pas vues, et Laura lui manquait.

Dans l'après-midi, la mère de Manon avait besoin de quelques courses pour le dîner et Manon lui proposa d'y aller à sa place, elle en profiterait pour faire quelques boutiques.

Elle était en survêtement et baskets et ses cheveux laissaient à désirer, mais pas de problème Manon attrapa une casquette noire, et bien vissée sur la tête cela venait parfaire sa tenue décontractée.

Elle avait récupéré les achats pour sa mère et elle sortait du magasin quand elle entendit son prénom :

« Manon ! »

Elle connaissait cette voix, mais elle ne l'avait pas entendu depuis très longtemps. Elle se retourna et découvrit l'homme qui se tenait devant elle. Elle reconnut immédiatement ce copain de lycée si sympa, mais zut ! Son prénom ne lui revenait pas.

Elle reconnaissait pourtant ses yeux rieurs et son sourire rassurant, mais impossible de se rappeler. Il attendait le bus tous les soirs avec elle et Laura, mais cette époque lui semblait si loin, elle était confuse…

Elle lui sourit et engageait la conversation évitant soigneusement d'avoir à prononcer son prénom. Ils remontaient la rue dans la même direction et ils entamèrent donc une vraie discussion.

Il lui demanda ce qu'elle faisait dans la vie, si elle avait gardé des liens avec Laura et c'est à ce moment que Manon eut un flash et que le prénom d'Étienne lui revint en mémoire. Elle lui dit que justement elles avaient prévu de se voir le soir même et que, s'il le souhaitait, il était le bienvenu pour se joindre à elles.

Il était motivé.

Ils échangèrent leurs numéros, y compris leur fixe, avant de monter chacun dans leurs voitures respectives.

La soirée avec Laura était conforme à ce que Manon avait imaginé, des conversations à n'en plus finir, ponctuées par des éclats de rire. Cela faisait un bien fou de la revoir, elles s'étaient manquées.

En rentrant ce soir-là, Manon réalisa qu'Étienne n'était finalement pas venu.

Elle avait repris son travail le lundi et cette semaine d'octobre avait été pluvieuse. La ville était triste et sombre, comme si les couleurs avaient été complètement effacées. Les rues semblaient s'enfoncer chaque jour un peu plus dans le bitume gris et ruisselant. Manon gara sa voiture dans le parking souterrain de son immeuble et, lassée par sa journée, elle ne pensait qu'à rejoindre son lit.

En fermant la porte de son appartement, elle réalisait qu'elle ne supportait plus du tout ce travail, c'était devenu viscéral. Elle ne supportait plus non plus ce collègue qui devenait de plus en plus insistant, et qu'elle avait d'ailleurs failli gifler après la réunion d'aujourd'hui. Et puis cette solitude qui s'étalait, qui gangrenait l'espace, qui prenait de plus en plus de place dans sa vie, dans sa tête et dans son cœur.

Elle restait un instant debout dans l'entrée, les larmes ne demandaient qu'à jaillir en cascade.

Elle décida de se faire couler un bain pour réchauffer son corps qui commença à être attaqué par ses vêtements trempés, qui la faisaient frissonner.

Manon allait déjà mieux quand elle s'installa dans son canapé avec un bol de velouté au potiron qu'elle humait avec gourmandise. Elle avait lâché ses larmes dans son bain chaud et enveloppant. Pleurer était pour elle une véritable thérapie, un exutoire, son antidépresseur naturel. Elle avait le sentiment que ça la purgeait de sa tristesse et que ça évacuait le négatif. Pleurer remettait les curseurs au bon niveau pour rééquilibrer son harmonie intérieure.

Elle but lentement ce breuvage chaud et réconfortant et elle s'enveloppa dans un plaid.

La fatigue qui la gagnait eut finalement raison d'elle. Manon s'endormit sur le canapé.

Une porte claqua dans le couloir de l'immeuble ce qui la fit sursauter et ressentir ce sentiment d'inconfort, et désagréable que l'on ressent quand on sort brutalement d'un profond sommeil. Mais quelle heure pouvait-il bien être ? Elle était toujours sur son canapé et son appartement était maintenant plongé dans le noir. Le seul point lumineux était le voyant de son répondeur qui clignotait et qu'elle n'avait pas remarqué en rentrant chez elle.

Elle appuya sur le bouton et reconnut immédiatement cette voix, celle d'Étienne toujours empathique, qui s'excusait pour samedi soir. Il expliquait, confus, qu'il n'avait pas pu venir car il était tombé dans une embuscade de copains. Il expliquait que depuis qu'il travaillait à Paris, il rentrait peu dans leur région natale et qu'il était souvent « pris en otage » dès que ses amis avaient vent de sa présence, ce qui fut le cas samedi soir.

Manon écoutait ce message empreint d'humour et d'excuses et elle esquissa un sourire, c'était touchant.

Cet homme était authentique et prévenant, il se dégageait de sa voix et de ses paroles une vraie sincérité. Il était tellement différent de ceux que Manon côtoyait…

Il était trop tard pour le rappeler et le rassurer sur ce « lapin » qui n'en était pas un.

Elle lui expliquerait que de son côté elle avait oublié, ce qui le rassurerait sans doute.

Elle se notait de le rappeler le lendemain.

Ce matin, la pluie s'était dissipée, mais pas ce sentiment de ne plus être à sa place. Sentiment que Manon ressentait déjà depuis quelques semaines en franchissant les portes coulissantes de son entreprise.

Elle savait que le changement était nécessaire pour pouvoir construire quelque chose, mais elle ne voyait pas d'horizon. Plus elle avançait dans la vie et plus les perspectives étaient floues. Sa profonde positivité et son optimisme commençaient à être attaqués, grignotés de tous les côtés.

La journée avait été interminable, et Manon mourait de faim ce soir-là en rentrant. Elle rêvait de pâtes au fromage, elle mit l'eau à bouillir et elle vit le post-it « rappeler Étienne ».

Elle se cala dans le canapé et composa le numéro. Étienne répondit presque aussitôt et la mit tout de suite à l'aise, il avait l'air content qu'elle appelle et sa réaction n'était pas feinte. Il lui demanda comment elle allait, et Manon sentit la sincérité dans sa voix, il s'intéressait vraiment. Elle qui avait le cœur gros et, on peut le dire, n'était pas très heureuse en ce moment. Elle se mit à raconter combien son travail était devenu pesant, combien elle ne se sentait plus à sa place au milieu des gens qui l'entouraient et à quel point cette ambiance et cette vie étaient si loin de ses valeurs. Plus les minutes passaient et plus elle se sentait à l'aise. C'était si simple de se confier à lui. Peut-être parce qu'il n'était pas vraiment proche, mais sans doute aussi parce qu'il avait en lui cette qualité d'écoute si rare que Manon n'avait trouvée chez aucun homme auparavant.

Leur conversation avait du mal à s'arrêter, mais l'eau des pâtes venait de déborder ce qui stoppa net le flux naturel des paroles. Étienne proposa à Manon de la rappeler le lendemain et leurs échanges devinrent une habitude, comme un rituel du soir.

Étienne avait également commencé à se confier. Il expliquait combien sa vie à Paris était remplie, mais qu'il ne s'était jamais senti aussi seul.

Au fil des jours, Manon allait mieux, elle retrouvait le sourire et parfois le rire au travers de ces échanges, vrais et sincères. Cette thérapie des mots la rendait heureuse. Elle avait trouvé chez Étienne un ami, quelqu'un qui s'intéressait à elle pour ce qu'elle était, un homme qui l'écoutait simplement, vraiment. Elle retrouvait confiance en elle. Elle commençait même à ressentir quelque chose pour lui, elle voulait le séduire.

Les semaines étaient passées et Manon avait eu 25 ans. Depuis, elle ressentait comme une certaine pression de la part de ses amis et de sa famille pour faire une fête.

En discutant avec Laura qui n'avait pas forcément envie d'organiser quelque chose seule, elles décidèrent de fêter leurs 25 ans ensemble et d'inviter leurs amis communs et leurs familles. Julie qui était motrice pour faire la fête avait déjà confectionné un chapeau de « catherinette », une si gentille tradition qui te rappelle que tu es toujours célibataire à 25 ans !

Les deux amies avaient calé le week-end en fonction de l'anniversaire de Laura et elles commencèrent leur liste d'invités. Elles avaient trouvé une salle en pleine campagne et Julie et son mari avaient déjà proposé d'aider en prévoyant la déco, il restait la sono et le menu. Tout s'organisa assez rapidement.

Manon proposait à Laura d'inviter Étienne qu'elle n'avait pas revu et qui serait sans doute ravi de venir, elle accepta volontiers. Le week-end était arrivé et les préparatifs terminés, elles pouvaient se préparer à accueillir leurs invités.

C'était une chouette soirée, la famille de Manon était venue avec ses neveux et nièces qu'elle aimait tant. Tout le monde avait dansé et c'était un signe pour elle d'une fête réussie.

La soirée touchait à sa fin et tout le monde se mettait en mode rangement, elle était heureuse que les invités se soient bien amusés et rassurée aussi qu'Étienne ait trouvé sa place au milieu des convives. Il avait discuté avec tout le monde, y compris sa famille. Justement, il s'approchait pour lui dire au revoir :

« Merci, Manon, de m'avoir invité, j'étais content de revoir les anciens du lycée et je me suis beaucoup amusé ! Je rentre et je ramène Laura. Elle est fatiguée. »

« Oui, OK ! Merci, et rentrez bien. »

Laura lui fit un bisou, elle semblait en effet épuisée. Elle suivait ses dernières années d'études, et elle travaillait énormément. Pas trop le temps de faire la fête, Manon comprenait et était fière d'elle et heureuse qu'elle ait accepté de fêter son anniversaire.

Elle les regarda partir et, bizarrement, ressentit un sentiment désagréable à la situation.

***

Ce matin de décembre, le réveil sonna pour la seconde fois et Manon n'arrivait toujours pas à s'extirper de son lit. Et si elle n'y allait pas ? L'idée lui traversa l'esprit, mais elle ne la laissa pas s'installer, elle n'allait pas se laisser aller à la facilité, à la faiblesse.

Elle était forte, en tout cas c'est l'image qu'elle voulait toujours donner d'elle. La douche fut rapide et elle prit le temps de boire son café ; elle enfila une robe noire près du corps, des collants opaques et ses bottines noires également. Mais en se regardant dans le miroir, elle crut se voir partir à un enterrement. Elle décida donc de trancher sa tenue avec une veste rouge bien chaude. Elle mit un peu de poudre terracotta sur les joues pour avoir bonne mine, ces dernières nuits avaient été ponctuées par de longues phases d'insomnies. Son travail était de plus en plus difficile à supporter et à accepter et elle se réveillait souvent en plein milieu de la nuit sans pouvoir se rendormir.

Heureusement, elle avait ses bouffées d'oxygène grâce aux échanges téléphoniques presque quotidiens avec Étienne, c'était devenu un rituel dont elle ne pouvait plus se passer.

Elle attrapait la télécommande pour stopper la chaîne d'informations en boucle qui montrait les boutiques décorées et les rues avec leurs illuminations. Noël serait bientôt là et elle n'avait pas terminé ses achats, elle s'en occuperait sans faute ce week-end. Elle avait ses clés dans la main et elle allait partir quand son téléphone sonna :

« Manon ? C'est Julie, ça va ? »

« Coucou, Julie, oui, j'allais partir au travail. »

« Je ne te retarde pas alors, juste réserve sur ton agenda : on part à la neige après Noël pour une semaine, si tu es d'accord. On t'invite, tu pourras en profiter et si tu veux bien garder les enfants le matin pendant qu'on skiera. »

« Évidemment que je suis d'accord ! C'est trop chouette ! Merci beaucoup ! »

« PARFAIT ! gros bisous, on se rappelle. »

Elle raccrocha. Cette perspective de vacances inversa son humeur et lui remit du baume au cœur, une nouvelle qui boosta instantanément son moral. Elle avait toujours besoin de se projeter sur du positif, ça l'aidait à être toujours heureuse. Il ne restait donc que quelques jours encore à tenir avant les vacances.

3

Le destin, c'est quand le dessein arrive à destinée.

Kheira Chakor

Cette semaine au ski était géniale.

Elle était en famille avec ses neveux et nièces qu'elle aimait profondément et qu'elle gardait le matin ; elle préparait les bols de chocolat chaud pour tout le monde et une fois la joyeuse équipe emmitouflée, ce qui prenait une bonne partie de la matinée, toute la troupe descendait sur la pente en dessous du chalet pour faire des concours de luge qui se terminaient systématiquement en bataille de boules de neige.

L'après-midi était libre pour Manon, elle décida donc de prendre des cours de ski, elle qui n'avait connu que les vacances en bord de mer ; elle souhaitait apprendre dans de bonnes conditions et surtout éviter de se blesser.

Son groupe était homogène, un groupe d'adultes de 23 à 30 ans.

Les garçons étaient plutôt effacés, mais Manon sentait les filles très délurées et très excitées.

Ils étaient à l'endroit indiqué aux pieds des pistes et attendaient leur moniteur ; tout le monde y allait de ses paris entre le beau moniteur musclé et sexy ou le moniteur de Michel Blanc dans Les bronzés font du ski !

Elle comprit qu'il n'y aurait pas de cours sur le planté de bâton au programme, en voyant s'approcher leur moniteur, c'était plutôt la première option qui se présenta à eux.

Les filles commençaient à chuchoter entre elles en voyant le beau brun qui jouait de son physique.

« Bonjour, je suis Ronan, je vais être votre moniteur pour la semaine. »

Heureusement, il était plutôt bon pédagogue et Manon progressait. Elle était de plus en plus à l'aise et prenait du plaisir à dévaler les pentes. Les filles se battaient pour monter avec Ronan dans le télésiège et c'est finalement Manon qui se retrouvait assise à côté de lui presque systématiquement et sans comprendre pourquoi. Il était sympathique et plutôt courtois avec elle, mais Manon avait installé les barrières habituelles pour qu'il ne s'imagine rien de possible entre eux.

Le dernier jour fut chaotique. L'une des filles du groupe déchira sa combinaison tout le long de l'entrejambe et stoppa nette au milieu de la piste. Manon la suivait et pour l'éviter, fonça dans un tas de neige.

Heureusement, Ronan n'était jamais loin d'elle et il aida Manon à sortir de la poudreuse, plus de peur que de mal et un bon fou rire en prime ; c'était la fin de l'après-midi et l'heure de rentrer. Ronan rassembla tout le monde et leur proposa de se retrouver à la pizzeria/bar/dancing, le soir même pour fêter la fin de la semaine et des cours.

Tout le monde accepta, mais Manon n'avait pas très envie, elle n'avait pas vraiment créé d'affinité avec les filles, mais après tout ça pouvait être sympa de faire une petite soirée.

Elle rentra au chalet, et prit une douche ; elle n'avait pas emporté beaucoup de vêtements et encore moins de vêtements pour sortir.

Elle enfila son pantalon en suédine marron qu'elle aimait bien et un pull en mailles blanc cassé et tout doux. Elle laissa ses cheveux longs détachés et se maquilla légèrement.

La soirée était sympa, le groupe était joyeux, la fatigue et la bière aidant.

Manon n'avait pas remarqué tout de suite, mais Ronan la fixait régulièrement et lui souriait. Depuis qu'elle avait remarqué ce détail, elle était gênée et commençait à perdre son naturel. L'une des filles prétexta qu'elle était fatiguée et insista auprès de Ronan pour qu'il la ramène à son chalet.

Manon décida que c'était l'heure aussi pour elle de rentrer, mais Ronan se pencha vers elle et lui murmura :

« Ne bouge pas d'ici, je ramène Olivia, je fais au plus vite et je viens te rejoindre. Je veux passer le reste de la soirée avec toi. »

Manon ne répondit pas, elle n'en revenait pas, d'autant plus qu'Olivia avait son idée derrière la tête. Manon n'avait aucune envie de l'attendre et encore moins de passer le reste de la soirée avec lui. Elle attendit qu'il ait démarré sa voiture, salua le restant du groupe et sortit en direction du chalet. Elle avait un peu de marche et n'avait aucune idée du temps qu'il faudrait à Ronan pour revenir. Elle accéléra le pas au risque de tomber et glissa plusieurs fois, mais elle voulait absolument rentrer avant son retour.

Elle se glissait dans son lit quand elle entendit une voiture arriver à fond et s'arrêter. Vite ! Elle éteignit la lumière et entendit quelques cailloux à la fenêtre. Mais comment savait-il où elle logeait ? Elle ne bougea pas dans son lit, écoutant le moindre bruit ; puis plus rien. Elle entendit la voiture démarrer et partir. Soulagée, Manon s'endormit, exténuée.

Il restait une journée avant le départ le lendemain, toute la petite famille se pressa en fin de journée pour acheter de quoi faire un bon repas et fêter le dernier jour. Le dîner fut joyeux et l'un de ses neveux taquinait Manon avec le message qu'elle avait reçu dans la semaine et qui avait été source de discussions animées pour la petite famille.

Manon avait souhaité une bonne fête, par SMS à Étienne en début de semaine et il lui avait répondu tardivement par message qu'elle avait lu à voix haute sur l'insistance de ses neveux.

« Merci ! Je pense à toi et je suis très heureux que tu profites de ces vacances, étoile des neiges… »

Ce message surprit Manon car il était un peu différent de ceux qu'ils échangeaient habituellement. Même si avec Étienne ils avaient l'habitude de s'écrire parfois en paroles de chansons, elle trouvait le choix surprenant. Elle le relut à voix haute et sa sœur Julie se mit à fredonner : « étoile des neiges, mon cœur amoureux s'est pris au piège de tes grands yeux… » et lui sourit d'un air complice.

Toute la petite famille fantasmait sur les événements à venir, mais Manon ne savait pas trop comment interpréter ce message et surtout si elle devait l'interpréter.

Elle se contenta de répondre : « Bonne nuit, Étienne. À demain ! »

Le lendemain était sportif, le chalet devait être nettoyé et il fallait faire les valises.

Comment se faisait-il que tout tienne à l'aller et que pour le retour il fût impossible de fermer cette fichue valise !

Tout fut enfourné dans le coffre et toute la petite famille prit le chemin du retour.

Casque audio sur tête et Phil Collins dans les oreilles, Manon contemplait les paysages enneigés défiler devant ses yeux :

quelle beauté ! Elle n'avait pas pensé à son travail de la semaine, et se mit à penser à Étienne. Elle était heureuse de le retrouver pour tout lui raconter, elle ferma les yeux et se laissa bercer par le nouveau morceau qui démarrait, l'un de ses préférés « évidemment » de France Gall.

Ils étaient arrivés dans la nuit et Manon avait fait la grasse matinée pour récupérer.

Dans l'après-midi son portable se mit à vibrer, c'était Étienne qui, pour fêter le retour de vacances, proposait de boire un verre en centre-ville le soir.

Mais, pourquoi n'était-il pas rentré à Paris comme prévu la veille...

Elle le rejoignit au café qui lui avait indiqué. Toujours le même, celui de leurs années lycée, qui était resté figé dans sa déco des années 90.

Il y avait beaucoup de monde ce soir-là et Manon restée à la porte cherchait Étienne du regard.

Elle l'aperçut enfin assis au comptoir plaisantant avec le barman. Manon le trouvait différent, il portait un pull camionneur jaune moutarde, un jeans et une barbe de trois jours qui lui donnait un air décontracté qu'elle ne lui connaissait pas. Lui qui était toujours très soigné, et bien rasé. Il était l'aîné d'une famille de deux enfants et avait reçu une éducation cadrée, presque militaire. Le voir décontracté et sans doute détendu fit sur Manon un effet inattendu, elle le trouva sexy.

Il remarqua sa présence et la regarda pendant qu'elle s'approchait. Il avait son sourire qui illuminait son visage.

Ils discutèrent à bâtons rompus des nombreuses chutes de Manon dans la poudreuse, des repas monstrueux autour du fromage, du moniteur du ski qui la draguait et qui l'avait suivie jusqu'à son chalet. Et ils rirent ensemble. Étienne lui expliqua sa panne de voiture qui le bloquait deux jours supplémentaires, mais sans lui déplaire car ils pouvaient se voir ce soir.

Manon avait faim, elle proposa de continuer de discuter devant une pizza et Étienne accepta. En cette première semaine de janvier, très peu de restaurants étaient ouverts ; ils trouvèrent une pizzeria sans prétention au bout de la ville. Le repas fut animé, car un peu décalé dans une déco d'un autre temps et avec ce serveur qui portait des lunettes sans verres, c'était un peu surréaliste !

En remontant vers la voiture, le silence s'installa, Étienne était redevenu sérieux, il se tourna vers Manon s'approcha d'elle et il l'embrassa. Elle était surprise, mais tout naturellement lui rendit son baiser.

Ils restèrent dans les bras l'un de l'autre à se regarder sans parler. Comme si les choses se mettaient en place, laissant cette connexion du regard se sceller entre eux.

Une idée folle traversa l'esprit de Manon, aller chez Laura pour lui faire un petit coucou et lui annoncer la nouvelle. Ils sonnèrent à son interphone et par bonheur elle était là, elle comprit tout de suite le rapprochement qui s'était opéré en les voyant rayonnants ; ils rirent tous les trois, mais il était tard. Étienne raccompagna Manon chez elle et ils échangèrent un dernier baiser.

Étienne était respectueux, et ça plaisait énormément à Manon, elle qui n'avait connu que des hommes qui ne pensaient qu'à lui sauter dessus ! Elle avait l'impression qu'être avec Étienne était comme une évidence, elle n'avait pas pris conscience ces dernières semaines qu'elle tombait amoureuse de lui, elle aurait dû comprendre parce qu'il lui manquait très souvent. Elle n'avait jamais réfléchi au type d'homme qu'elle recherchait jusqu'à ce soir où, blottie dans les bras d'Étienne, elle comprit que son père lui avait trouvé l'homme de sa vie. Elle aimait chez lui tellement de traits de sa personnalité, elle se dit intérieurement qu'il aurait beaucoup plu à son papa… Son père… Justement, c'est lui qui l'avait mis par hasard sur son chemin ; elle ne l'avait pas compris tout de suite, mais aujourd'hui elle savait que c'était lui.

En claquant la portière ce soir-là, elle regarda la voiture s'éloigner et elle ressentit cette intuition forte, celle qui vous traverse à l'improviste et qui est si puissante que vous savez qu'elle se réalisera ; elle savait qu'elle épouserait Étienne.

À partir de ce moment, l'horizon de la vie de Manon devenait plus clair, elle avait compris ce qui l'attendait. C'était à elle maintenant d'aider le destin, à tracer le chemin pour que sa vie rêvée démarre enfin et pour qu'elle devienne réalité.

Cette porte ouverte vers le futur ne lui laissait plus aucun doute ; elle sentait que tout ce qu'elle allait entreprendre réussirait. Elle qui était bloquée dans ce travail, qui ne lui apportait plus aucun épanouissement, pire, qui lui plombait le moral depuis des mois. Elle qui avait piétiné jusqu'ici, incapable de prendre la moindre décision pour changer, démissionner.

En ce matin de janvier, cette nouvelle année qui commençait, elle sentait que tout était possible, elle n'avait plus peur de rien, elle était déterminée à prendre le train de la vie qui venait de s'arrêter dans sa gare.

Elle s'était habillée chaudement et avait pris la route comme tous les matins. Son premier rendez-vous programmé depuis une semaine se solda par un report, son client avait eu un contretemps. Manon avait donc une heure devant elle, elle s'arrêta dans un café qui avait une terrasse couverte et s'installa pour boire son breuvage préféré. Il faisait un froid sec, mais Manon sentait les rayons du soleil réchauffer son visage à travers la baie. Elle respira les effluves de café qu'on venait de lui servir et se mit à réfléchir à sa future vie, à Étienne, et plus elle y pensait, plus elle était persuadée que sa belle étoile ne l'avait pas mis sur son chemin pour rien. Son père lui manquait, elle repensait à lui avec nostalgie. Elle repensait à son charisme, à ses bras qui l'entouraient et qui la soulevaient quand il dansait avec elle, à son parfum d'homme si envoûtant et tellement rassurant. Mais elle ne devait pas pleurer, il était forcément avec elle. C'est lui qui avait choisi Étienne pour elle, c'était forcément lui qui l'avait mis sur son chemin, c'était une évidence. Cette idée ne la quittait pas et elle s'y accrochait comme à une bouée qui allait la sauver.

Elle aperçut un journal oublié sur la table d'à côté et commença à le feuilleter machinalement, quand elle vit cette annonce : pile le poste qui correspondait à ce qu'elle souhaitait, et qui lui permettrait enfin de se sédentariser un peu. Elle savait qu'elle ne pourrait pas construire une famille en étant sur la route en permanence et en découchant tous les soirs.

Cette annonce était la première qui s'imposa à ses yeux, c'était pour elle, un signe.

Manon décida d'envoyer son CV.

Elle reçut une réponse dans la semaine, et ce matin elle avait rendez-vous avec le cabinet de recrutement. Elle voulait absolument valider ce poste, mais au lieu de ressentir de l'angoisse, du trac, elle se sentait pousser des ailes. Elle partait confiante car c'était écrit, ce poste était pour elle.

Elle arriva à l'heure, comme toujours. Elle avait tiré ses cheveux en queue de cheval et opté pour un tailleur-pantalon marine, un chemisier en satin corail et des boucles d'oreilles assorties. Elle savait que cette couleur lui donnait bonne mine et elle en avait besoin.

Le premier rendez-vous était avec un psychologue, l'entreprise ne faisait pas dans la demi-mesure, Manon enchaîna les tests psychologiques et elle répondait sans réfléchir, elle décida de se faire confiance.

Après cette matinée éreintante, elle sortit de la salle, et l'assistante lui demanda de s'asseoir dans un vestibule et d'attendre.

Il était presque midi et après 15 minutes, l'assistante entra lui annoncer qu'elle passait à l'étape suivante et que c'était l'après-midi même.

Une heure trente après et ce sandwich qu'elle avait avalé pendant qu'elle téléphonait à sa mère, Manon se présenta au rendez-vous avec le DRH.

Elle était toujours aussi confiante, elle ne faisait que suivre son destin.

Sa bonne étoile était avec elle, Manon survola l'entretien, elle trouvait les mots sans difficulté, sa motivation jaillissait dans sa voix, elle savait que l'issue ne pouvait être que positive.

Et la dernière phrase de son interlocuteur lui donna raison, il lui dit directement qu'elle était prise.

Manon sortit de l'immeuble, sans toucher terre, sa vie prenait un nouveau virage, tout allait changer, elle sentait que le positif était présent, elle avait eu raison de croire en son étoile.

Manon se pressait de rentrer ce soir-là, elle voulait annoncer la bonne nouvelle à Étienne.

Elle prit une douche rapide, engloutit une petite salade de crudités et s'installa confortablement avec un bon thé pour démarrer ses échanges quotidiens. Mais ce soir-là le téléphone sonna dans le vide, Étienne n'était pas rentré ou pas disponible, le jour où elle avait cette super nouvelle à lui annoncer. Manon était vexée comme la petite fille qu'elle était parfois. Elle se dit tant pis pour lui, il ne saura pas.

Elle choisit de regarder un bon film légèrement à l'eau de rose, histoire de rêver un peu.

Elle s'apprêtait à se coucher quand le téléphone sonna, c'était Étienne qui se confondait en excuses pour avoir loupé leur rendez-vous quotidien. Manon voulait se retenir de lui dire, mais elle ne pouvait pas, trop excitée par la journée qu'elle avait passée :

« Je suis prise pour le poste ! » s'exclama-t-elle un peu trop vite en plein milieu d'une phrase d'Étienne.

Elle apprécia la réaction d'Étienne, qu'elle sentait profondément heureux pour elle.

Cette empathie lui faisait tellement de bien. Elle avait vraiment l'impression de compter pour lui.

Manon était heureuse ce matin-là en se réveillant, toutes les étoiles s'alignaient enfin.

Son père avait mis Étienne sur son chemin, elle l'avait prié pour qu'il lui trouve quelqu'un de bien. Elle en était persuadée, c'était lui qui avait donné un coup de pouce au destin.

La vie qu'elle avait imaginée de longues heures dans sa chambre allait démarrer.

Elle commençait son nouveau travail aujourd'hui, son patron était une femme, et Manon comprit rapidement que les rapports seraient sains. Elle avait perçu le fonctionnement de cette femme qui était douce, mais directe et surtout qui n'était pas mielleuse, et Manon aimait ça. Elle savait que tout se passerait bien entre elles, Manon avait ce don de « sentir » les gens de percevoir leur personnalité presque instantanément, elle se fiait à son instinct, son intuition la trompait très rarement.

Manon sortit de l'immeuble, sa première journée s'était bien passée, nouveau travail, nouvel environnement, nouveaux collègues.

Elle regarda autour d'elle et respira profondément, elle sentait qu'elle allait bien s'habituer à cet air marin et à ce paysage qui l'enchantait, elle verrait la mer tous les jours, un bonheur supplémentaire dans sa nouvelle vie.

Elle avait trouvé avec beaucoup de difficultés une chambre à louer chez une petite grand-mère. La décoration était d'un autre temps et Manon se dit qu'elle allait s'atteler rapidement à trouver une location où elle n'aurait pas l'impression de vivre dans les années 50 quand elle rentrait chez elle.

Elle se changea rapidement, enfila un leggings, des baskets et un blouson bien chaud pour descendre sur la plage.

C'était un plaisir de se retrouver dans cet environnement, elle marchait sur le sable face au soleil et savourait ce moment. Elle qui n'avait connu la mer qu'en vacances, elle vivait désormais sur la côte. Elle se sentait si heureuse. Ce sentiment elle ne l'avait plus ressenti depuis le décès de son père, elle luttait pour retrouver cette plénitude d'antan, mais elle n'avait jamais réussi à l'atteindre complètement.

Le bruit des vagues accompagnait ses pensées, et Manon entamait ce point quasi quotidien qu'elle aimait faire sur sa vie. Elle venait de changer de travail, elle était amoureuse d'un homme qui, elle l'espérait, était fou d'elle. Elle avait gardé ses amis d'enfance, qu'elle chérissait dans son cœur, et était toujours aussi proche de sa famille, sa mère, ses frères, ses sœurs, nécessaires à son équilibre.

Tout allait bien dans sa vie, elle pouvait dire qu'elle était heureuse et c'est ce qu'elle ressentait au fond d'elle.

Le soleil venait de passer la barre de l'horizon et la mer était devenue bleu marine. Manon fit demi-tour sur cette plage où elle viendrait désormais tous les jours. Elle pouvait maintenant contempler la ville qui commençait à s'allumer tout en écoutant le chant des vagues qui montaient vers elle, et l'appel des mouettes qui tournoyaient dans le ciel flamboyant. Elle se sentait en vacances, est-ce que ça allait être cela sa nouvelle vie ? Se sentir en vacances toute l'année ?

Ce soir-là en rentrant, elle avait le cœur léger et joyeux.

Les semaines s'enchaînèrent et Manon avait trouvé sa place dans cette entreprise, où le travail ne manquait pas, elle avait déjà prouvé qu'elle était capable. Sa directrice lui faisait confiance, ce qui donnait à Manon cette envie de se surpasser.

Les fins de semaines aussi étaient intenses, Étienne la rejoignait presque tous les week-ends, elle était montée à Paris quelques fois, mais Étienne préférait descendre, le bord de mer, lui était plus sympa que son appartement en ville.

Pendant une ballade sur la plage avec lui, elle avait remarqué les traits tirés d'Étienne qui s'épuisait avec ce rythme intense. Elle commença à émettre l'idée qu'elle pouvait peut-être postuler un autre poste qui la rapprocherait de lui. Étienne l'écoutait, silencieux. Quand elle eut terminé d'exposer tous ses arguments, Étienne lui répondit qu'elle ne serait sans doute pas prioritaire et qu'il avait également réfléchi de son côté. Il allait rechercher un travail pour se rapprocher d'elle, il avait envie de quitter Paris depuis un moment et c'était une très bonne occasion pour le faire.

Manon n'en revenait pas, ils n'avaient jamais parlé d'avenir jusqu'à présent et voilà qu'il commençait à l'inclure dans ses projets, tous les deux avaient envie de se retrouver géographiquement.

Elle lui sourit, Étienne la prit par la main et commença à courir, et, sur un ton déterminé, il s'exclama : « D'ici là, il faut que dès demain on te trouve un appartement digne de ce nom ! »

Le lendemain était sportif. Le premier rendez-vous était un échec, l'appartement était encore plus sombre que celui où vivait Manon et il sentait l'anti-mites.

Le second, ils attendirent au moins une heure en vain, personne ne s'était présenté, le troisième enfin était dans une résidence des années soixante-dix au troisième étage. L'appartement n'avait pas vue sur mer, mais sur un parc ; la baie vitrée était large, mais on la sentait mal isolée, ce qui promettait de cohabiter avec le vent les soirées de tempête… Le prix de la location était un peu élevé, mais Manon n'avait pas le choix. Elle signa le contrat.

Manon et Étienne décidèrent de fêter cela en allant manger un sandwich face à la mer.

Assis dans le sable, ils organisèrent le déménagement.

Étienne se releva et proposa d'aller chercher des boissons.

Manon l'attendait en contemplant le paysage qui s'étalait devant elle. Ce ciel bleu, inespéré en ce mois de mars, cette mer teintée de vert émeraude et rayée d'écume blanche. Le soleil était présent, mais réchauffait à peine.

Manon remonta la fermeture de son manteau et s'enfouit le nez dans son écharpe.

La plage était pratiquement déserte et le sable vierge de tout pas, c'était comme un tableau vivant que Manon contemplait.

Elle entendit Étienne s'approcher et s'asseoir à côté d'elle.

Il lui sourit et se tourna vers elle ; il mit un genou à terre ; Manon ne comprenait pas.

Il lui tendit une petite sphère en verre où était emprisonné un morceau de corail multicolore, cet objet était à la fois insolite et magnifique.

Manon le contempla et entendit Étienne lui prononcer ces quelques mots, ceux dont elle avait toujours rêvé :

« Veux-tu m'épouser ? »

C'était un 19 mars le jour de la fête du papa de Manon.

4

Après la pluie…

Manon était heureuse, comme si le brouillard s'était dissipé, et qu'un rayon de lumière avait jailli du nuage épais dans lequel elle essayait d'avancer depuis ces dernières années. Elle avait toujours été persuadée que quelque chose allait se produire, elle avait gardé confiance en la vie, elle avait eu raison.

Elle allait se marier, elle avait du mal à réaliser, il fallait qu'elle le dise à sa mère, ses sœurs pour que cet événement devienne concret. Elle essayait d'imaginer les réactions des unes et des autres et elle souriait bêtement en rangeant son appartement.

Étienne la surprit dans ses pensées et comprit que son esprit était déjà dans la projection de ce beau moment. Il était comme ça Étienne, heureux de voir Manon heureuse. Il fallait fixer une date, mais Manon ne voulait pas attendre un an et demi, et c'était trop juste pour préparer un mariage avant l'été qui arrivait…

« Et pourquoi se marier forcément aux beaux jours ? » Étienne la regarda surpris, mais elle n'avait pas tort. Ils décidèrent de changer les codes, ils feraient le mariage en novembre.

Leur mariage apporterait une bonne dose de joie et de gaieté à ce mois, généralement, triste et pluvieux.

Les jours qui suivirent, Manon flottait sur son petit nuage. Tout lui paraissait facile.

Tout serait tellement plus simple désormais.

Cette semaine était une semaine importante, et même décisive, pour réunir géographiquement Étienne et Manon. Étienne avait répondu à une annonce pour un poste dans la région et, depuis que sa candidature avait été retenue, Manon n'avait de cesse de lui répéter qu'il serait pris. C'était une évidence pour elle, la brèche était ouverte, elle allait maintenant s'agrandir à chaque étape pour au final dissiper complètement cette épaisse fumée qui étouffait sa vie.

Elle était si convaincue, qu'elle commençait à convaincre également Étienne qui était d'un caractère prudent et qui ne voulait surtout pas s'emballer ou trop se projeter dans le positif, de peur d'être déçu.

C'était le jour J et du balcon de son appartement, Manon regardait Étienne rejoindre sa voiture. Il était tôt, il avait de la route et les entretiens se passaient sur la journée entière. Étienne avait promis d'informer régulièrement Manon sur l'avancée de la journée. Elle lui fit un signe de la main et levait le pouce pour lui rappeler ce message qu'elle lui avait dit quelques minutes auparavant :

« Ne sois pas inquiet ou stressé, vas-y confiant, crois en toi et à ta bonne étoile, c'est toi qui seras retenu pour ce poste. C'est évident, les choses se mettent en place et ce hasard n'en est pas un, c'est ce qui doit arriver pour que l'on démarre notre vie à deux. »

Étienne avait pris la route avec les paroles de Manon en tête, il avait envie d'y croire.

C'était le jour de congé de Manon et elle essayait de s'occuper au mieux pour éviter de regarder son téléphone toutes les trente secondes… Elle attendait des nouvelles d'Étienne, elle ne pensait qu'à lui aujourd'hui, et au moment où il allait lui annoncer que c'était bon, qu'il avait le poste. Cette étape était importante pour leur vie future. Manon avait bien envisagé de postuler à Paris, mais cette projection était restée très floue, elle n'arrivait pas à envisager de construire une vie de famille là-bas, et puis Étienne n'avait pas envie d'y rester… Non, non, c'était bien ce poste pour lequel Étienne se présentait aujourd'hui, qui était inscrit dans leur vie future.

Le téléphone se mit à sonner, il était presque treize heures, et Manon ne tenait plus en place. Elle décrocha à la première sonnerie, elle laissa parler Étienne, qui lui expliquait qu'ils étaient une cinquantaine le matin à se présenter et qu'ils n'étaient plus que trois pour les entretiens de l'après-midi. Manon sourit, le destin était en route et ces quelques mots d'Étienne venaient la conforter dans ses certitudes. Il n'était pas complètement serein au bout du fil, mais rassuré tout de même d'être dans le tiercé final. Manon continuait de le tranquilliser et lui demanda de ne pas stresser et de faire confiance.

Étienne lui promit de l'appeler en sortant.

À 17 h 30, c'est un Étienne soulagé que Manon retrouva en ligne, tout s'était bien passé. Il avait eu un bon feeling avec l'un des deux recruteurs et il émit la possibilité que peut-être il pourrait être choisi. Manon éclata de rire et lui dit : « Enfin ! Tu commences à croire que c'est ton destin ! Évidemment que c'est toi ! Je peux te le dire dès à présent, j'en suis persuadée. »

La candidature d'Étienne avait été retenue, il commencerait dans trois mois.

Étienne se rapprochait géographiquement de Manon, mais le poste restait à 1 h 30 néanmoins. Cette étape étant validée, Manon mit son cerveau en marche pour agir de son côté et se rapprocher d'Étienne ; elle avait son idée.

Lors d'un cocktail organisé par sa boîte, elle ferait savoir au directeur régional qu'elle était mobile et qu'elle était prête à intégrer les nouvelles ouvertures sur le secteur.

Sa détermination était à son comble et c'était chez elle une caractéristique indéniable.

Manon avait tellement réfléchi à la situation que le soir du cocktail, ce ne fut qu'une formalité, tout se déroula comme prévu, elle était certaine qu'elle serait contactée dans les semaines à suivre pour une proposition. Ce qui se produit, au bout de 15 jours.

Elle accepta évidemment le nouveau poste.

Tout se mettait en place comme un puzzle, dont on a le tableau final bien en tête et pour lequel il faudrait créer chaque pièce afin qu'il prenne forme. Manon n'avait plus qu'à confectionner les pièces les unes après les autres car son tableau elle l'avait bien en tête depuis longtemps. Elle l'avait imaginé tant de fois, avait rêvé chaque couleur, avait envisagé chaque trait, visualisé chaque forme ; le seul élément qu'elle ne connaissait pas à l'époque quand elle rêvait dans sa chambre, le samedi soir en écoutant ses cassettes, c'était l'élément déclencheur. Mais désormais ce déclencheur, elle l'avait rencontré, on l'avait mis sur son chemin, elle n'avait eu qu'à ouvrir les yeux pour le reconnaître ; c'était Étienne son futur mari et elle était follement amoureuse de lui.

Les semaines passaient et il fallait préparer le mariage ; elle avait demandé à Laura d'être sa témoin, c'était une évidence pour Manon, ça ne pouvait être qu'elle. Manon était tellement impatiente de choisir sa robe qu'elle fit un petit repérage un après-midi, mais elle comprit en appelant Laura que ça ne se faisait pas et qu'elle avait déçu sa meilleure amie… une fois de plus, la Manon, impatiente, avait agi avec impulsivité. Elle organisa le jour du choix final et les essayages avec Laura et elle proposa aussi à sa maman de venir ; Manon voulait une robe simple avec un peu de dentelle. Elle voulait également des petits boutons tout le long du dos en souvenir de la robe de mariée de sa maman qu'elle trouvait magnifique et quelle avait essayé tant de fois étant petite pour s'amuser et rêver. On lui proposa rapidement celle qui allait devenir sa robe, elle était blanche avec un bustier et la traîne tombait en mouvements harmonieux sur l'arrière, c'était si joli ! La responsable du magasin lui expliqua que ce rendu venait du tissu haut de gamme, « l'organza de soie » qui permettait ce tombé parfait et ce rendu satiné, et non brillant. Manon avait le coup de cœur, la robe était simple, mais tellement élégante. Il fallait néanmoins trouver une solution pour habiller le bustier, car le jour J était prévu en novembre… On proposa à Manon un habillage en dentelle de Calais et on simula le résultat avec l'échantillon posé sur elle. Manon se regarda et elle sentit les larmes affluer au bord de ses yeux. Elle se tourna vers Laura qui n'avait pas essayé de retenir les siennes et sa mère qui la regardait telle une apparition.

Elle avait trouvé sa robe de mariée…

Les préparatifs du mariage avançaient bien. Les faire-part avaient été envoyés et tout le monde avait répondu présent, sauf son ami d'enfance, arrière-cousin, Félix qui pour des raisons professionnelles ne pourraient pas venir, Manon était déçue de ne pas l'avoir auprès d'elle, il faisait partie de sa vie et il était tellement amusant, il la faisait beaucoup rire ; mais elle comprenait et ne lui en voulait pas du tout.

Tous les autres seraient là, ravis de célébrer un mariage en plein mois de novembre !

Pour Manon, tout ce qui lui importait c'était que les invités soient présents pour partager ce beau moment de bonheur qui marquerait sa vie, le reste était secondaire.

Manon et Étienne avaient trouvé une salle suffisamment grande, mais pas vraiment chaleureuse, dans un village perdu, mais cela importait peu pour Manon : un peu de déco, et le tour était joué. Ils avaient laissé leurs parents choisir le repas et avaient validé leur choix. Le seul point sur lequel Étienne ne voulait pas déroger c'était la musique, il avait contacté un groupe, dont la prestation était plutôt onéreuse, mais pour lui c'était important que les invités puissent faire la fête.

Manon survolait tout ça, elle voulait que tout soit bien, mais elle ne courait pas après le plus beau mariage, ou le plus incroyable. Son but n'était pas du tout d'en mettre plein la vue.

D'une part, ils n'en avaient pas les moyens et d'autre part elle n'envisageait pas du tout le mariage sous cet angle ; elle voulait un mariage simple, qui leur ressemble ; un mariage ou les invités se sentiraient à l'aise et pourraient profiter pleinement.

Le mariage était d'abord pour elle un sacrement et le fait de s'unir à quelqu'un aux yeux de tous.

Nous étions la veille du mariage et Manon n'avait que très peu vu Étienne ce jour-là. Il était 22 h et elle se levait tôt le lendemain matin pour le maquillage, la coiffure et l'habillage. Elle composa le numéro d'Étienne et cru qu'il ne répondrait jamais, il décrocha enfin, et Manon sentit dans sa voix qu'il était stressé :

« Ça va comme tu veux ? »

Étienne terminait la décoration de la salle avec Julie et son mari et il restait a priori encore du travail.

Ils s'échangèrent quelques mots doux et se souhaitèrent bonne nuit.

La nuit fut courte pour l'un et l'autre. Manon l'avait passée à checker et à se projeter, et Étienne, sans doute la même chose.

Le réveil sonna et Manon était déjà debout, elle s'assit sur son lit, en prenant quelques minutes pour apprécier ce jour qu'elle ne vivrait qu'une fois et qui représentait une étape importante de sa vie. Elle l'avait tellement rêvé. Elle savait que tout allait bien se passer et qu'il ferait partie de ses souvenirs empreints de bonheur.

Elle enfila son jogging fétiche, celui qu'elle portait le jour où elle rencontra Étienne dans cette rue commerçante et elle sourit pour ce clin d'œil qu'elle n'avait pas prémédité.

Elle était maintenant maquillée et coiffée, et on l'habillait. Manon se regardait dans le miroir, c'était bien elle, cheveux détachés et bouclés, ils étaient travaillés sur le dessus avec une tresse en forme de couronne ornée de perles blanches. Son voile était accroché sur l'arrière de la couronne et retombait sur ses épaules avant de descendre vers la traîne de la robe. La dentelle de son bustier recouvrait son dos et ses épaules, et descendait jusqu'à l'avant-bras.

Cette dentelle si délicate donnait à la robe une élégance que l'on retrouve souvent dans les choses simples et épurées. Elle avait l'aire d'une princesse d'un autre temps.

Elle enfila le boléro de fourrure blanche qui terminait la tenue et grimpa dans le van qui l'attendait ; il était décoré pour la circonstance et conduit par son frère Grégoire.

Manon avait hâte de retrouver Étienne, de voir sa réaction en la découvrant.

Elle l'aperçut dans l'allée, dans un costume bleu nuit, veste col Mao, chemise blanche avec une lavallière de la couleur de son costume, il était très chic et raffiné. Elle descendit de la voiture et marcha doucement vers lui, elle vit dans le regard d'Étienne tout l'amour qu'il lui portait, mais elle voulait l'entendre, et elle lui demanda :

« Je te plais ? »

Étienne, les larmes aux yeux, ouvrit la bouche, mais aucun son ne put en sortir.

Manon l'enlaça et lui dit : « Je t'aime… Je suis prête… Ça va être une journée magnifique. »

La journée se déroula comme prévu, avec beaucoup d'émotion, notamment à la Mairie. Cette fois, c'était son frère Louis, habillé de l'écharpe tricolore, qui, vaincu par l'émotion de marier sa petite sœur, ne réussit à sortir les premiers mots de son discours qu'après plusieurs secondes. Manon le rassura avec une pointe d'humour et la cérémonie démarra.

Tout s'enchaîna jusqu'au repas où Manon et Étienne découvrirent toute l'énergie qu'avaient développée leurs amis dans la préparation. Ils se retrouvèrent devant un véritable spectacle : des sketchs retraçant leur vie, des chansons, des jeux… Entre fou rire et larmes, Manon se laissait porter par toute cette générosité.

La soirée était une réussite, Étienne avait eu raison d'insister, l'assemblée s'amusait, dansait, et Manon était ravie.

Quand, au petit matin, elle ferma la salle avec Étienne, et claqua la portière de la voiture, elle se tourna vers lui et lui sourit en disant :

« Nous avons eu un mariage qui nous ressemble… »

Étienne acquiesça et l'embrassa.

Le lendemain était plus calme, le brunch était chez les parents d'Étienne qui avait aménagé leur sous-sol pour accueillir les convives. L'assemblée était réduite en petit comité et Manon prenait enfin le temps de profiter des invités. Elle était encore sur son nuage et elle allait y rester un bon moment. D'autant qu'elle avait prévu avec Étienne de partir trois jours au bord de la mer en Normandie, une sorte de prémisse du voyage de noces qui, elle l'espérait, serait dans des contrées lointaines. Ils décidèrent de partir après le déjeuner et de laisser l'assemblée profiter encore un peu des festivités. La météo contrastait avec celle de la veille où le soleil voilé avait été présent toute la journée. Aujourd'hui le temps était plutôt froid et humide avec un brouillard qu'on ne voit que dans les films.

Le temps leur importait peu, la voiture roulait vers leur destination : une chambre d'hôte dont Manon ne savait rien à part le nom « la ferme aux poiriers roses ». Elle trouvait ce nom romantique et elle souriait en faisant tourner son alliance autour de son doigt. Elle jetait un coup d'œil à Étienne qui lui aussi était dans ses pensées, il était calme et un léger sourire s'affichait sur son visage.

« Tu m'aimes ? » lui demanda Manon.

Il répondit presque immédiatement :

« Comme un fou. »

Cette réponse la fit frissonner de bonheur.

La nuit était tombée et ils approchaient de leur destination. Le brouillard rendait les lieux quelque peu magiques, comme dans les contes de fées. La maîtresse des lieux les accueillit et ils la suivirent jusqu'à une bâtisse en toit de chaume. Elle leur fit emprunter un escalier étroit qui montait le long de la façade pour arriver devant une petite porte arrondie entourée de lierre.

Elle ouvrit la porte, appuya sur l'interrupteur et là, Manon découvrit, enthousiasmée, un lieu magnifique. Tout était soigneusement décoré. Un joli parquet en bois clair habillait le sol, les murs étaient en chaux beige et les poutres au plafond avaient été peintes en blanc. Le lit immense était placé sous la mansarde au fond de la pièce, le linge de lit avait été choisi avec soin dans des tons blancs, et des camaïeux de beiges, identiques aux plaids sur les fauteuils en rotin et la baignoire qui trônait au beau milieu de la pièce. Les différentes lampes, toutes blanches également, et la déco dans les tons ficelle, terminaient de parfaire cet ensemble harmonieux, douillet et chaleureux.

Notre hôte s'éclipsa, Étienne prit Manon par la taille, et la fit pivoter pour l'enlacer tendrement. Elle était à quelques centimètres de son visage, se plongeant dans ses yeux verts.

« Ma femme est-elle heureuse ? » murmura-t-il.

Manon était comblée. Elle lui répondit par un oui sonore avant de l'embrasser.

Cette parenthèse de trois jours où le temps s'était littéralement arrêté était magique. Manon avait l'impression de vivre pleinement, de savourer chaque instant du moment présent. Les jeunes mariés avaient visité un peu, mais leur séjour avait été rythmé par des grasses matinées où ils restaient enlacés sans vouloir sortir du lit, des balades sur la plage pendant des heures, et la découverte de petits restaurants cosy.

Le retour à la vraie vie serait difficile, Manon le savait, mais elle était follement amoureuse, elle avait fait le plein de vie et de bonheur, et elle ne serait plus jamais seule, elle était avec son merveilleux mari, elle pourrait désormais tout affronter.

Elle allait commencer son nouveau poste dans la même ville que celui d'Étienne et il fallait trouver un logement pour accueillir leur nouvelle vie. Étienne faisait des visites chaque soir avant de rentrer et il avait hâte car la route commençait à lui peser.

Il avait trouvé une location qui cochait pas mal de cases même si la maison datait un peu. Il voulait avant de signer que Manon la visite avec lui et ils roulèrent en direction de la location, dans un lotissement sur un petit village à quelques kilomètres de leurs lieux de travail respectifs.

La maison était en effet sombre et datée et n'avait pas de charme particulier, mais elle était fonctionnelle et ferait très bien l'affaire pour commencer.

Le soir même, ils avaient promis de rendre visite au beau-frère de Marius qui habitait le village, et qui malheureusement était en pleine séparation. Il n'avait pas le moral et il serait content d'avoir de la visite.

Il les accueillit chaleureusement, et la discussion était fluide, assis autour d'un apéritif. Ils parlèrent travail, construction de maison, en évitant soigneusement le sujet délicat auquel leur hôte était confronté. Il avait construit tout l'étage avec son père. Manon était impressionnée, la maison était jolie, tellement lumineuse et moderne. Elle contrastait tellement avec celle visitée quelques heures auparavant... Le feeling passait bien et les échanges complices étaient propices aux confessions. Cet homme assis devant eux était déchiré par ce qui lui était arrivé, il commença à leur raconter ce qu'il avait vécu, comment il avait mis tout son cœur à la construction de cette maison pour lui et son épouse, afin de construire un nid douillet, qui était désormais devenu une prison... Sa femme l'avait quitté peu après la fin des travaux en partant avec son meilleur ami... Son histoire les bouleversa.

Il se leva d'un coup et leur proposa de visiter. Manon était toujours partante pour visiter, elle aimait découvrir les maisons, la décoration des pièces... Et plus elle visitait celle-ci et plus elle se projetait, elle lui plaisait...

Tout à coup, leur hôte se planta devant eux en disant :

« Faites-moi une offre. »

Étienne et Manon étaient interloqués par cette demande aussi inattendue que surprenante. Ils n'étaient pas venus pour cela, ils n'étaient pas acheteurs, d'ailleurs ils allaient signer un bail pour la visite précédente. La soirée se terminait et ils prirent congé de leur hôte qui les remercia et les pria d'étudier sa proposition.

Le retour était très silencieux, tous deux dans leurs pensées, ils n'échangèrent que quelques mots.

Mais arrivés à destination, Manon lâcha :

« Elle me plaît vraiment, cette maison ! »

Étienne la fixa, il n'avait pas l'air étonné, mais plutôt excité et lui avoua que lui aussi était motivé pour faire une proposition.

C'était tellement improbable, cet apéritif, et ces circonstances… Comme à son habitude, Manon ne pouvait pas imaginer que c'était un hasard.

Le lendemain, après une courte nuit à réfléchir, les jeunes mariés firent une proposition qui fut acceptée dans la journée. En une semaine, ils avaient vu leur banque et fixé un rendez-vous pour la signature du compromis.

Ils étaient à fond dans ce nouveau projet, Manon rêvait de sa nouvelle maison, elle imaginait déjà les meubles et la décoration de chaque pièce.

Le déménagement était une journée de pur bonheur pour elle, qui avait du mal à réaliser, même si c'était devenu très concret, qu'elle était propriétaire d'une très jolie maison !

Sa vie continuait d'avancer, tout se présentait sur son chemin comme si elle n'avait qu'à saisir les opportunités de la vie. Elle ne réfléchissait pas trop, c'était si agréable et réconfortant de pouvoir faire confiance à la vie et elle avait bien prévu de continuer ainsi.

Des amis et de la famille étaient venus les aider et Grégoire, qui démarrait une nouvelle vie professionnelle dans la région, avait besoin d'un coup de pouce. Manon demanda à Étienne s'il était d'accord pour le loger provisoirement et il accepta. Elle proposa donc cela à Grégoire, le temps que son activité démarre et qu'il trouve un appartement dans la région. C'est ainsi que Grégoire vint s'installer quelques mois avec eux. C'était chouette pour Manon de l'avoir à la maison et elle était heureuse de pouvoir rendre ce service qu'elle avait reçu elle-même de la part de sa sœur Hélène au moment de ses études.

Les soirées avec Grégoire étaient joyeuses, mais certaines semaines ils arrivaient à ne pas se croiser une seule fois. Grégoire avait beaucoup d'amis et rentrait souvent dans la nuit ; Manon avait juste besoin de savoir s'il rentrait ou non.

Ils avaient pris leurs marques dans cette maison et ils étaient heureux. Une nuit, Étienne se réveilla en sursaut :

« Tu entends ? Il y a du bruit, on essaie de forcer la porte. »

Manon ne pouvait plus bouger, elle était prostrée par la peur, la rue avait fait l'objet de nombreux cambriolages, notamment une nuit où plusieurs voitures avaient été volées. Étienne entreprit de descendre les marches sans bruit… c'était de la folie, il n'avait rien pour se défendre, Manon ne pouvait plus respirer, suspendue au moindre craquement.

Le bruit dans la serrure de la porte d'entrée reprit, Étienne était à deux marches de celle-ci, prêt à bondir sur le cambrioleur. La porte finit par s'ouvrir et… C'était Grégoire qui avait finalement, et contrairement à ce qu'il avait dit la veille, décidé de rentrer.

Étienne avait le cœur qui allait exploser, et sans doute aussi sa colère par la même occasion, il prit sur lui, ne dit rien et remonta se coucher.

Tout le monde avait mal vécu ce moment, et chacun faisait le constat qu'ils étaient arrivés au bout d'une cohabitation sereine. Mais Manon ne trouvait pas cela si grave, et elle voulait que Grégoire reste le temps qu'il lui était nécessaire.

De son côté, Grégoire avait déjà trouvé un appartement, il avait prévu de leur annoncer le lendemain, il allait donc partir, mais habiterait seulement à quelques kilomètres.

Les derniers mois passés, Manon avait savouré avec plaisir cette nouvelle vie.

Elle était heureuse avec Étienne, elle commençait même à se projeter un peu plus loin avec lui. Ils avaient commencé à parler d'enfant…

Seulement voilà, elle était incapable de commencer à parler d'un projet, sans s'y investir pleinement. Quand Manon commençait à se projeter, ça ne pouvait pas rester au stade de projet, elle enclenchait toujours le mode action. C'était plus fort qu'elle et parfois usant pour son entourage.

Elle commença à lire des magazines de bébé, des livres sur les prénoms, des articles sur la grossesse… elle était à fond.

Tellement à fond que plus les mois passaient, plus les échecs s'enchainaient… et plus Étienne devenait inquiet pour elle. Manon ne vivait plus que pour ce projet : avoir un bébé. Toutes les conversations tournaient autour de ce sujet, et elle commençait même à ressentir de la jalousie quand elle croisait une femme enceinte dans la rue. Elle se rendait bien compte que c'était trop, mais elle ne pouvait pas faire autrement.

Elle décida de prendre rendez-vous avec sa gynécologue, qu'elle voyait très régulièrement en ce moment pour parler de ce problème. Cela faisait maintenant un an qu'avec Étienne ils essayaient d'avoir un enfant et cela ne fonctionnait pas.

La gynécologue était démunie et avait beau expliquer que c'était un délai moyen pour tomber enceinte, elle était face à une Manon déterminée, impatiente et qui voulait des solutions rapides.

Ne sachant plus quoi faire la gynécologue lui prescrit un rendez-vous dans une clinique de la région pour « stérilité primaire ».

En prenant, la feuille Manon écoutait les paroles de la gynécologue qui résonnaient au loin dans sa tête, elle avait du mal à respirer. Elle avait entendu ce mot qui ne faisait pas partie de son vocabulaire et qu'elle n'avait jamais fait rentrer dans le champ des possibilités. Elle qui était la septième d'une famille de neuf enfants et pour qui faire des bébés était naturel, et possible. Elle n'avait jamais envisagé qu'elle ne pourrait pas avoir d'enfant, jamais… Et que cela pouvait devenir médicalisé.

Elle sortit du cabinet sans un mot, et descendit les marches de l'escalier en colimaçon, elle était prise d'une sorte de vertige qui ne la quittait pas. Tout se mélangeait dans sa tête, ce n'était pas possible, pas envisageable qu'elle ne puisse pas avoir d'enfant. Elle s'installa au volant de sa voiture et elle éclata en sanglots.

5

Il faut avoir confiance dans les surprises de la vie.

Jean Philippe Blondel

Manon avait roulé dans un état second, elle gara sa voiture en prenant conscience qu'elle n'avait rien vu du trajet. Elle entra chez elle, claqua la porte et se blottit dans le canapé. Elle avait reçu un coup de massue sur la tête. Elle avait l'impression que tout s'écroulait, son projet d'être mère de donner la vie, était en train de disparaître, de s'effacer… C'était impossible, elle ne pouvait pas l'accepter, comment pourrait-elle accepter une chose pareille. Ses sanglots repartirent de plus belle, quand Grégoire rentra. Il avait toujours une clé de la maison et venait de temps en temps récupérer quelques affaires.

Il la trouva en pleurs, en pleine dépression.

Il s'assit auprès d'elle, imaginant le pire :

« Mais Manon ! Qu'est-ce qu'il t'arrive ? Que se passe-t-il ? Réponds-moi ? »

Elle n'arrivait pas à aligner deux mots, secouée par des sanglots violents, comme ceux que l'on peut voir chez les jeunes enfants.

Quand elle put enfin lui expliquer brièvement, Grégoire éclata de rire, ce qui la choqua. Extrêmement surprise par cette réaction et ce manque d'empathie de la part de son frère.

Il prit une voix douce et rassurante et lui dit :

« Ne te mets pas dans cet état, tu es de la famille des Cyprien, une grande et féconde famille, tu t'attardes sur un mot prononcé par un médecin qui était sans doute à court d'arguments et qui ne savait plus quoi faire. Évidemment que tu auras des enfants, et autant que tu en veux. Tu es faite pour être maman et tu le deviendras quand ce sera le moment, tu as juste oublié que ce n'est pas toi qui décides du moment ! » Ses paroles étaient tellement rassurantes, extrêmement justes et vraies. Elle aurait des enfants quand la vie l'aura décidé pour elle. Où était donc passée cette confiance en la vie qui la caractérisait, cet esprit positif qui ne l'avait jamais quitté. Elle sentit à cet instant comme un apaisement intérieur, comme si ce qu'elle vivait comme un combat de chaque instant était terminé, elle lâchait prise et ressentie comme un regain d'espoir.

Quelques semaines étaient passées et Manon terminait ses achats pour son voyage d'affaires à Cuba, c'était un séminaire annuel qui se déroulait toujours dans des lieux paradisiaques. Elle passa à la pharmacie pour prendre un nécessaire de voyage, crème solaire, quelques médicaments et elle aperçut les tests de grossesse… elle n'en avait pas fait depuis ce fameux jour où tout s'était écroulé pour elle. Elle en attrapa un, elle voulait être sûre avant de partir.

En rentrant chez elle, elle finalisa sa valise, elle partait dans deux jours et elle ne voulait rien oublier. Elle s'était dit qu'elle ferait le test le lendemain matin… Mais c'était plus fort qu'elle…

Elle entendit la porte d'entrée, c'était Étienne qui arrivait du travail, elle était à l'étage dans la salle de bain en train de rassembler ses affaires de toilette dans une trousse, tout en jetant un œil de temps en temps sur le test qu'elle venait de faire.

Elle lâcha sa trousse de toilette en voyant apparaître le deuxième trait sur le test, elle était comme hypnotisée par cette seconde ligne qui fonçait de plus en plus, et qui indiquait qu'elle était enceinte.

Elle avait échafaudé des dizaines de scénarii pour l'annoncer à Étienne, elle avait retenu celui de l'inviter au restaurant et de lui offrir au dessert une petite plaque que l'on colle sur la boîte aux lettres. Il y serait inscrit leurs deux prénoms et des points de suspension à la place du prénom du bébé.

Mais elle avait fait comme un reset dans sa tête, tout avait beugué, elle descendit en courant les marches et se posta devant Étienne, lui montrant le test et lui dit :

« C'est pas comme d'habitude ! »

Étienne Regarda longuement le test avec l'envie de bondir de joie, mais sa prudence lui fit prendre sa voiture pour aller en acheter un second qui se révéla tout aussi positif.

Ils se regardèrent et s'enlacèrent, traversés par des émotions multiples : le soulagement, la joie, l'excitation… Tellement heureux… Ils allaient devenir parents…

Manon pleurait, mais, cette fois-ci, de bonheur, elle était enfin enceinte, elle allait tout faire pour mener cette grossesse au bout et protéger ce petit être qui démarrait son évolution en elle. Le lendemain, Manon annulait son voyage à Cuba.

Cette grossesse tant désirée ravit toute sa famille, sa maman était si heureuse et ses sœurs tellement impatientes. Laura aussi avait été émue pour elle.

Cette grossesse était un vrai bonheur, Manon ne ressentait aucun désagrément, elle était en pleine forme. Ses cheveux n'avaient jamais été aussi beaux, sa peau, ses ongles étaient magnifiques… Elle respirait le bonheur. Le plus difficile à vivre était la vie au travail. Sa grossesse se passait si bien que ses collègues avaient complètement fait abstraction qu'elle attendait un bébé. Le plus difficile à supporter était la fumée de cigarette dans les bureaux tout en sachant le mal et les problèmes que cela pouvait causer au bébé.

Elle se battait chaque jour pour essayer de préserver les endroits clos de ce poison, mais c'était peine perdue, tout le monde fumait, partout, tout le temps. Sa dernière prise de sang indiquait qu'elle aussi fumait… Elle était si révoltée ! Elle n'avait pas pu se préserver de ce tabagisme passif qu'elle subissait chaque jour. Elle en voulait à ses collègues de ne pas la respecter, de ne pas respecter son état et de mettre son bébé en danger.

Ils furent les premières victimes de cette négligence volontaire. En effet, la gynécologue, lors d'une visite de contrôle, arrêta Manon le jour même, son col de l'utérus s'était ouvert, elle n'avait plus le droit de bouger de chez elle. C'était beaucoup trop tôt pour accoucher, son bébé allait naître prématuré, très certainement en raison de ce tabagisme passif et quotidien.

Ses collègues vécurent très mal cet arrêt brutal, mais Manon refusait de tomber dans la culpabilité qu'ils lui faisaient ressentir, par leurs messages et leurs appels. Elle finit par ne plus répondre. Après tout, c'était eux les coupables de cette situation, pas elle !

Une seule chose la motivait désormais : tenir le plus longtemps possible pour que son bébé termine correctement sa croissance in utero. Elle occupait son temps à tricoter, notamment une couverture blanche qu'elle décida ensuite de broder de différentes couleurs. Avec Étienne, ils avaient choisi de ne pas connaître le sexe du bébé, donc les couleurs étaient mixtes. Elle dessinait aussi les cadres de la chambre dont les murs avaient été peints par Étienne quelques semaines auparavant en vert d'eau.

Manon se réveilla en sursaut, elle regarda l'heure, 1 h du matin, elle sentit qu'il fallait qu'elle se lève. Une fois debout, un liquide chaud et abondant se mit à ruisseler le long de ses cuisses, elle alluma sa lampe de chevet pour vérifier, elle perdait les eaux.

Manon réveilla Étienne, en s'obligeant à garder son calme pour le rassurer ; il sauta du lit et se mit à chercher ses vêtements. Il ouvrait et fermait les portes du placard, essayant de rassembler ses idées et d'agir de façon cohérente. Il reprit ses esprits. Manon n'avait pas encore de contractions. Elle décida de prendre un bain pour se préparer à l'inconnu, à cet accouchement qu'elle avait idéalisé, mais qui serait peut-être plus long et plus douloureux que prévu. Une fois prête, elle descendit. Étienne l'attendait déjà dans la voiture, moteur allumé, prêt à partir. Elle arriva dans l'allée, ouvrit la portière et découvrit un grand sac poubelle qui englobait son siège de l'appui-tête au plancher, ainsi qu'un sac à dos rempli de barres chocolatées qu'Étienne s'était préparé, comme pour faire face à plusieurs jours de combat… Il allait devenir papa, mais il pensait à protéger sa voiture et ne pas mourir de faim. Manon éclata de rire en s'installant côté passager, mais elle fut vite calmée par la première contraction qui lui empoigna les reins.

L'accouchement dura presque 10 heures, elle était sereine et patiente et ces heures de douleurs et de fatigue furent instantanément dissipées quand elle découvrit ce petit être qu'on lui présentait et qui la regardait fixement dans les yeux. Elle se mit à pleurer si heureuse et impressionnée par ce regard qui la transperçait comme si ce petit être la scannait, découvrant sa mère. Elle était tellement envahie par ses émotions que plus rien n'avait d'importance. Elle ne demanda même pas si c'est un garçon ou une fille. Elle regardait son bébé et était comblée. Étienne, qui était resté près d'elle et l'avait soutenue pendant ces longues heures, lui souffla :

« Bravo, ma chérie ! Il est magnifique, notre petit Joseph, tu es la meilleure, je t'aime si fort. »

Elle accueillit ses mots comme une conclusion magnifique et elle savourait ce moment d'intense bonheur avec son mari qui l'embrassait et son fils dans ses bras qui la remplissait de joie.

Cette nouvelle vie à trois était incroyable pour Manon, son amour pour Étienne grandissait de jour en jour, il était un excellent papa et quand elle le regardait s'occuper de Joseph, elle était souvent au bord des larmes, envahie par l'émotion. La naissance de Joseph avait ouvert les portes d'un jardin dans son cœur qu'elle ne soupçonnait pas et qui était entièrement destiné à l'amour.

Joseph était un bébé très éveillé et Manon se comportait comme une vraie mère poule avec lui. Elle avait choisi de l'allaiter le plus longtemps possible. Elle était devenue complètement maniaque, supprimant toutes sources de danger, de maladie, de microbes, de poussière qui pouvait nuire à la santé de son bébé. Elle devait reprendre le travail, il fallait trouver une nourrice pour le garder. Il fallut à Étienne et Manon prendre sur eux car aucune ne convenait évidemment… ils finirent par choisir une maman de 2 enfants qui démarrait dans la profession ; elle vivait dans une longère avec des animaux et Manon trouvait que cela pouvait être chouette pour Joseph.

Une semaine après sa reprise, Joseph se réveilla en pleine nuit. Manon sortit du lit, à peine réveillée, elle s'approcha du petit lit blanc à barreaux, son bébé était en pleurs. Elle le prit dans ses bras et posa sa joue sur son front pour le rassurer, mais elle sentit qu'il était brûlant.

Sa fièvre ne fit que monter, elle était maintenue à 40° et lui qui d'habitude était si vif et plein d'énergie, n'était plus qu'une poupée de chiffon dans ses bras…

Paniquée, elle réveilla Étienne et ils prirent la route en direction des urgences. Après l'examen de Joseph par un médecin et une radio des poumons, ils restèrent plusieurs heures à attendre dans ce box minuscule éclairé par la lumière crue d'un néon au plafond. Ils baignaient dans leur angoisse de parents, seuls, face à leurs questions. La nuit était bien avancée lorsqu'un médecin se présenta, sans frapper, ce qui les sortit instantanément de leur torpeur. Il ne dit que trois mots :

« On a trouvé. »

Manon n'en pouvait plus de ces longues heures d'attentes et elle laissa échapper cette question qui envahissait sa tête depuis qu'ils étaient arrivés :

« Il ne va pas mourir ? »

Le médecin lui répondit :

« Ce n'est pas anodin comme maladie, mais ça se soigne. »

Joseph avait été contaminé par une bactérie qui avait engendré une pneumopathie.

Après que le médecin eut expliqué l'origine la plus commune de l'apparition de cette maladie chez les nouveau-nés, Manon commença à culpabiliser. Elle s'en voulait de l'avoir surprotégé. Elle n'avait pas permis à son système immunitaire de se développer suffisamment pour faire face aux bactéries qui étaient entrées en contact avec lui.

Le traitement fut efficace et l'état de santé de Joseph s'améliorait de jour en jour.

Les mois passèrent et Joseph avait dit son premier mot qui, au grand désespoir de Manon, n'était pas « maman » comme elle l'avait fantasmé, mais « tracteur » ce qui la surprit d'autant plus qu'il jouait très peu avec ses petites voitures. Il devenait un petit garçon, plein de vie, curieux de tout, et comme tous les nouveaux parents, Manon et Étienne le stimulaient et abreuvaient sa soif permanente d'apprendre.

6

La vie est pleine d'imprévus, il fallait le prévoir.

Charles Bernard

Manon est assise sur le sol glacé de la salle de bain, ne sachant plus quoi faire, un poignard lui transperce le corps au milieu des deux omoplates, mais elle n'a aucun couteau planté dans le dos… Elle sent comme une lame de 30 cm qui la perfore, la douleur irradie son dos, ses épaules, elle a de plus en plus de mal à respirer. Elle se retient de crier pour ne pas réveiller Joseph, elle gémit, ne sachant plus comment calmer cette douleur. Il est deux heures du matin passé, elle ne va pas s'en sortir toute seule, elle doit réveiller Étienne.

Elle rampa comme elle put vers la chambre.

Elle essayait depuis la naissance de Joseph de mener tout de front, et elle était bien aidée par Étienne, mais elle ne prenait pas de temps pour elle.

Elle avait déjà ressenti des douleurs dans le dos et elle se disait qu'il fallait absolument qu'elle fasse des étirements réguliers. Mais elle ne s'écoutait pas et n'écoutait pas les douleurs qui finissaient toujours par passer.

Mais cette fois-ci c'était trop violent et ça ne passait pas.

Étienne appela directement le 15 et, pendant l'appel, elle commença à se détendre au fur et à mesure que la douleur commençait à diminuer. C'était la plus grosse crise qu'elle avait eue jusqu'ici…

Le médecin au téléphone lui demanda de consulter en urgence dès le lendemain.

Manon se présenta aux urgences pour une échographie, accompagnée d'Étienne qui voulait comprendre l'origine de ses douleurs. La conclusion fut rapide, le problème venait de sa vésicule biliaire, elle avait comme du sable à l'intérieur et, à chaque crise, celui-ci se diffusait partout, risquant de déclencher une pancréatite.

Le médecin expliqua à Étienne que pendant une crise la note était de 10 sur l'échelle de la douleur.

Elle n'avait pas le choix, elle devait se faire opérer d'urgence.

Manon sortit son agenda sous l'œil médusé du chirurgien :

« Dans 15 jours, je suis en congés pour trois semaines, on pourrait prévoir l'opération pendant cette période ? »

Le médecin la fixa interloqué :

« Madame, tout dépend si vous voulez prendre le risque de mourir avant ! Je pense que vous n'avez pas bien compris la gravité de la situation. Vous vous faites opérer dès lundi, nous sommes à la veille d'un week-end et je ne peux pas programmer une opération sur les deux jours à venir, mais à 9 h lundi vous êtes au bloc ! »

Étienne lança un regard appuyé teinté de détermination et presque de colère à Manon. Il ne lui laissait pas le choix que de signer le document que lui tendait le médecin.

En effet, Manon n'avait pas conscience à ce moment-là de la gravité de la situation, sans doute parce qu'entre chaque crise elle se sentait vraiment très bien.

Le week-end lui avait permis de revoir sa maman, ses frères et sœurs, autour d'un bon repas, mais Manon suivait les consignes : pas de gras ni de sauce. Elle mangea donc léger. En rentrant le dimanche soir, elle décida de préparer un plateau télé après avoir couché Joseph ; pain, jambon, yaourt, petit repas sur le pouce.

Au bout d'une heure sur le canapé, sa position devint très inconfortable, elle commença à avoir mal au dos… Presque immédiatement, elle sentit la douleur se diffuser et elle comprit qu'une crise arrivait.

Elle commença à avoir la nausée et à vomir, puis des crampes dans le ventre, elle se vida littéralement dans les toilettes, elle se sentait vaciller, la fièvre s'était emparée d'elle. La douleur montait en elle, inexorablement, tout doucement, mais de plus en plus intense comme une torture que l'on voudrait faire durer. Lors du rendez-vous, elle avait entendu le médecin décrire tous ces symptômes… C'était ceux de la pancréatite.

Étienne, affolé, composa le 15 ; un médecin de garde fut dépêché sur place, mais il mit 30 min à arriver et 10 à se stationner… Étienne qui observait la voiture par la fenêtre s'aperçut aussitôt que quelque chose ne tournait pas rond. Le médecin franchit le seuil de la maison et Étienne comprit qu'il était alcoolisé.

Manon souffrait tellement, allongée sur le canapé, que son cerveau s'était mis en mode déconnexion comme dans un coma léger. Elle entendait des voix au loin qui résonnaient, mais elle n'avait plus aucune notion de temps, son champ de vision s'était complètement réduit et elle ne s'était même pas aperçu que la nourrice était venue récupérer Joseph pour la nuit.

La médecin réussit comme elle put à administrer une dose de morphine, et Manon se retrouvait dans l'ambulance qui attendait dans la rue depuis presque une demi-heure.

Elle arriva à l'hôpital dans un état second, son cerveau se mettait en pause régulièrement et à chaque reconnexion elle découvrait un lieu différent. On la prit en charge aussitôt et elle entendait l'infirmière expliquer à Étienne qu'elle serait opérée dès le lendemain à huit heures.

La nuit fut courte, mais l'opération avec ablation de la vésicule biliaire se déroula comme prévu. Étienne était rassuré et Manon pourrait rentrer rapidement.

Manon avait survécu à sa pancréatite. Elle avait eu beaucoup de chance, une fois de plus.

Les vacances d'été commençaient enfin et c'était vraiment la période que Manon préférait. Elle associait cette période au bonheur, à la légèreté, à la liberté, comme quand elle était enfant. La mer, l'été, c'était un peu sa madeleine de Proust. Elle rêvait de faire vivre à son fils ces moments de joie qu'elle avait elle-même vécus afin qu'il puisse se créer des souvenirs qu'il garderait précieusement et qu'il chérirait une fois adulte.

Joseph aimait l'eau, la mer, les piscines et pouvait jouer des heures dans les vagues. Il était émerveillé par les feux d'artifice, les fêtes foraines, qui faisaient briller ses yeux. Il avait ce caractère compétiteur et déterminé qui, dans chaque manège, le poussait à attraper coûte que coûte la queue de Mickey.

Il apprenait avec une facilité déconcertante et il avait toujours cette énergie débordante. Manon regardait souvent son petit garçon avec amour, et elle contemplait ses yeux gris-bleu et son sourire qui illuminait son visage.

Étienne et Joseph la remplissaient de bonheur et elle eut rapidement envie d'agrandir cette famille qui la rendait si heureuse. C'était aussi le souhait d'Étienne qui était un papa modèle.

Cette fois-ci, ils n'eurent pas besoin d'attendre un an pour concevoir leur second enfant. Ils allaient pouvoir agrandir ce cocon qu'ils s'étaient créé et qui leur permettait de s'échapper du stress de leur travail. C'était leur bouffée d'oxygène.

Manon consacrait tout son temps libre à sa famille, elle bâtissait au fur et à mesure, la vie qu'elle s'était imaginée, celle dont elle avait rêvé et pour laquelle elle forgeait tous les détails pour construire son bonheur. Elle écrivait les grandes lignes dans sa tête et la vie se chargeait de lui apporter le reste, tout ce dont elle rêvait et parfois plus qu'elle ne l'imaginait. Mais le bonheur prend parfois un chemin sinueux, chaotique et pas toujours si simple.

7

L'action est le meilleur remède contre la peur.

Dominique Glocheux

Il était sept heures du matin et le téléphone sonna, Étienne descendit les marches en courant et Manon se raidit ; elle s'empêchait de respirer et tendait l'oreille, un appel si tôt ne laissait rien présager de bon.

« Ah, c'est sûr ? … Oui, je comprends… D'accord… je vais lui expliquer, oui, merci, bonne journée. »

Étienne remonta plus doucement l'escalier qui menait à la chambre, Manon pressentait quelque chose de négatif et n'osait plus bouger.

Étienne s'assit sur le rebord du lit, il lui caressa les cheveux et lui expliqua doucement que les résultats de la prise de sang n'étaient pas bons et qu'il fallait envisager une amniocentèse.

Ce mot eut l'effet d'une bombe dans le corps de Manon. Elle connaissait les risques de fausses couches liés à cette intervention et elle s'était toujours promis de ne jamais la pratiquer.

Mais Étienne, face à elle, la regardait d'un air suppliant. Il connaissait le fond de la pensée de sa femme, mais aussi les risques de ne pas faire cet examen. Il avait besoin de savoir n'étant pas certain de pouvoir assumer un enfant trisomique.

Le temps venait de s'arrêter, ils étaient tous les deux dans cette bulle terrifiante dont il fallait sortir rapidement.

Manon ne pouvait retenir ses sanglots, des larmes de peur et de détresse, elle devait faire un choix.

Être égoïste et ne pas faire cet examen ? Elle n'avait pas peur, elle sentait que tout irait bien, ou bien faire le choix de rassurer Étienne qui avait toujours été là pour elle, qui la protégeait, et qu'elle aimait profondément.

Elle décida de suivre la volonté de son mari en se disant qu'elle avait son étoile avec elle et qu'elle pouvait compter sur sa protection.

Il fallait faire vite pour le rendez-vous car le délai pour pratiquer cette intervention était déjà bien entamé.

C'est Étienne qui appela l'hôpital, car pour Manon c'était au-dessus de ses forces.

Le jour de l'intervention, c'est lui qui commença à douter en voyant l'aiguille immense que le médecin s'apprêtait à enfoncer dans le ventre de son épouse. Il ne quittait pas l'écran des yeux pour s'assurer que l'aiguille ne touche pas le bébé.

Le liquide fut prélevé, il n'y avait plus qu'à attendre deux semaines pour avoir les résultats.

C'était le début de l'été et le départ en vacances pour la famille. Manon était bien décidée à oublier l'examen et à se remplir la tête de positif. Elle attendait un enfant, un être unique et elle allait lui donner toutes les chances de se développer dans les meilleures conditions pour grandir sereinement.

Ils arrivaient à destination, la location était une petite maison entourée de verdure et avec quelques enclos regroupés qui abritaient des poules, des canards et des chevaux.

Joseph allait adorer cet endroit, il allait pouvoir courir à sa guise sans frustration. La maison était suffisamment grande, mais avec un confort limité et une décoration spartiate. Elle était sans chichi, mais paisible et reposante.

Manon se fichait du confort, la mer était proche et cela correspondait à sa définition des vacances à l'époque. Elle déchanta néanmoins en voyant l'état de la literie. Dès le premier soir, elle comprit clairement qu'elle ne dormirait pas dans ce lit qui avait vécu plus de temps que prévu. Elle était aspirée par un énorme creux au milieu et elle ne pourrait jamais dormir dans ces conditions. La première nuit fut épouvantable et lui resta en mémoire toute la journée suivante avec ce mal de dos qui s'était installé.

Elle devait pourtant se reposer et se tenir tranquille pendant ces vacances, surtout ne pas faire d'activités trop violentes pour éviter une fausse couche. Ce qui l'arrangeait bien car elle n'avait envie que d'une chose, se reposer et dormir, même si avec une literie fatiguée, c'était mal parti…

Elle trouva une solution pour la nuit suivante : dormir en travers du lit et Étienne aussi ! C'était original, mais ça fonctionnait bien.

Elle avait été prudente pendant les dix jours passés sur place et n'avait pas ressenti de douleur suspecte pouvant l'alerter. Elle avait opté pour la chaise longue avec ses livres qu'elle avait dévorés. Lire était vraiment synonyme de vacances dans sa tête et elle choisissait toujours des romans ou des polars lui permettant de se projeter dans une histoire incroyable. Elle était heureuse en rentrant à la maison et pendant qu'Étienne et Joseph vidaient la voiture, elle récupérait le courrier dans la boîte aux lettres. À travers les tonnes de publicités et les factures, elle aperçut cette enveloppe tamponnée de l'hôpital.

Ses mains se mirent à trembler, et son cœur à s'emballer, mais au fond, elle était confiante.

Elle levait les yeux et cherchait Étienne du regard, il comprit immédiatement ce que pouvait contenir la lettre que Manon brandissait.

Elle s'installa sur le canapé avec Étienne et elle ouvrit le courrier. Ses yeux furent directement attirés par « Négatif ».

Un soulagement profond l'envahit comme si elle se vidait instantanément de toute son énergie.

Elle continua la lecture rapide du document et elle s'arrêta, surprise par ce qu'elle venait de lire, elle sourit en levant les yeux vers Étienne, et lui souffla :

« Veux-tu connaître le sexe du bébé ? »

Étienne était également surpris, il ne s'attendait pas à ce que ce soit notifié sur le courrier. Il semblait en même temps déçu de l'apprendre par un document qui avait une tout autre vocation. Il sourit, hochant la tête :

« C'est un garçon… » souffla Manon.

Étienne l'enlaça, heureux, de savoir que leur bébé allait bien, ils allaient pouvoir se projeter sereinement en pensant à ce petit garçon qui allait agrandir leur jolie famille.

Manon était soulagée. Depuis le début elle parlait à son bébé, elle le rassurait, en lui disant que tout allait bien se passer, que quoiqu'il arrive, elle l'aimait déjà si fort et qu'elle l'aimerait toujours.

La deuxième échographie était prévue aujourd'hui, et Manon attendait seule dans la salle d'attente plutôt sombre et étouffée par des dizaines d'affiches et flyers en tout genre, qui prônait les conseils récurrents administrés aux femmes enceintes. Étienne avait été retenu par le travail, mais il n'y avait plus de suspens de toute façon puisqu'ils savaient tous les deux que c'était un garçon.

Manon était heureuse d'attendre un deuxième garçon, au fond d'elle c'était sa préférence si elle avait eu le choix. Elle ne savait pas vraiment pourquoi... Peut-être parce que sa relation avec Joseph était formidable et qu'elle voulait dupliquer ce bonheur. Avoir un second garçon la rassurait peut-être aussi.

Sa grossesse se déroulait bien depuis l'amniocentèse et cette fois encore elle la vivait parfaitement bien : sans nausée, ni problème annexe, juste le ventre qui s'arrondissait.

C'est un jeune gynécologue qui entra dans la pièce où Manon attendait maintenant depuis 10 minutes. Il prit longuement connaissance du dossier avant de commencer l'échographie. Il restait particulièrement muet. Manon agacée lui demanda si tout allait bien et le jeune médecin ne répondit pas. Il se leva brusquement et demanda de l'excuser quelques minutes. Manon hocha la tête un peu perplexe. Elle se dévissa le cou pour scruter l'écran, mais elle avait beau regarder cette photo figée en noir et blanc, elle ne voyait rien d'autre que les contours d'un petit être avec une tête bien ronde, un petit ventre et ses quatre membres bien visibles. Aucun problème a priori, même si elle n'y connaissait rien et qu'elle ne savait pas interpréter ce qu'elle voyait.

La porte s'ouvrit et le jeune gynécologue réapparut accompagné de son collègue guère plus âgé. Tous deux scrutaient l'écran sans rien dire. Manon commença à être inquiète et en même temps très impatiente face à leur mutisme irrespectueux.

Elle décida de les faire parler :

« Alors ? Tout va bien ? Que voyez-vous ? »

Le plus jeune, sans prendre la peine de la regarder, lui répondit :

« Il y a un risque de nanisme, la nuque est un peu plus courte que la normale. »

Sa réponse fit sur Manon un effet qui la surprit elle-même, un rire nerveux jaillit de ses entrailles, laissant les deux gynécologues interloqués. Elle pensait en avoir terminé avec le stress et les soucis de cette grossesse qui au final était tout à fait normale. Alors pourquoi s'acharnait-on comme ça sur elle ? Pourquoi chercher à tout prix des problèmes ?

Elle ne croyait pas une seule seconde à ce diagnostic farfelu, elle répondit d'un ton détaché que ni elle ni le papa n'étaient grands et que ce bébé ne serait sans doute pas un géant, mais qu'il ne serait pas nain non plus.

Elle reprit le volant de sa voiture, un peu bousculée tout de même par ce que les médecins avaient dit. C'est à ce moment que son téléphone sonna, c'était Étienne qui s'impatientait d'avoir des nouvelles.

Manon ne savait pas comment lui raconter cet épisode pour le moins étrange.

Il l'écouta et réagit comme elle le pensait, en disant qu'il savait déjà qu'il ne serait pas grand, mais il ajouta :

« Et quand bien même il serait nain, nous l'aimerons tout autant. »

Manon était rassurée qu'Étienne le prenne ainsi. Il trouvait toujours les mots adéquats pour les situations délicates. Désormais, le sujet était clos.

Manon passa le reste de sa grossesse à parler à son bébé. Toute la journée, elle lui faisait la conversation en lui disant qu'il serait le plus grand, le plus intelligent, le plus brillant et qu'elle l'aimait déjà si fort.

La grossesse s'écoula ensuite paisiblement jusqu'à son terme.

Le mois de décembre était arrivé avec ses températures glaciales. Les décorations de Noël avaient pris place dans les rues et les maisons, et cette période rendait Manon heureuse. La naissance était prévue pour la fin du mois et cette année son cadeau de Noël serait merveilleux.

Elle commençait à préparer son organisation. La naissance de Joseph était intervenue trois semaines en avance, et Manon anticipait une grossesse prématurée, mais aucun signe, aucune contraction. Noël arrivait à grands pas et elle ne voulait pas partir à la maternité et laisser Joseph ce jour-là. Le 24, elle décida donc avec Étienne de faire passer le père Noël à minuit. Elle réveilla Joseph. Les parents d'Étienne étaient présents depuis la veille et toute la famille se mit à ouvrir les cadeaux, c'était un de ces moments qui la remplissait de joie.

Elle revivait au travers de son fils ses Noëls d'enfant et elle voyait dans ses yeux la même joie qu'elle ressentait petite.

Cette nuit-là, elle s'endormit apaisée, elle pouvait partir désormais, tout était en ordre.

Mais son bébé n'était pas pressé de sortir, si bien que la veille du terme elle appela la maternité, on lui demanda de se présenter le lendemain, jour du terme, pour un déclenchement.

Manon avait pris le comprimé, il ne restait plus qu'à attendre. Elle eut précipitamment envie d'aller aux toilettes et à son retour, elle expliqua aux sages-femmes qu'elle avait perdu le bouchon muqueux, mais comme elle n'était pas certaine, elle le décrivit comme quelque chose qui ressemblait à un petit cerveau. Les sages-femmes présentes la regardèrent, et Manon comprit en les voyant éclater de rire que sa description était quelque peu… étrange et saugrenue.

C'est donc dans la joie et la bonne humeur qu'on installa Manon en salle d'accouchement. Et heureusement car il ne fallait pas attendre plus longtemps… David arriva très vite en seulement quelques minutes, on le posa sur son ventre et son instinct de nouveau-né le fit ramper jusqu'au visage de Manon. C'était un moment magique pour elle comme si dès la première minute de son existence, ce petit être avait envie de lui faire un câlin, de la remercier de l'avoir soutenu, d'avoir cru en lui malgré tous les avis des médecins. En larmes, elle pencha la tête pour voir son bébé avancer vers elle. Manon le contempla, découvrant sa tache de naissance au milieu du front qui dessinait un « V ». Elle sourit en se disant : « V » comme « Victoire ».

David était un bébé, comme toutes les mamans en rêve. Il était calme, et pleurait très peu. Il souriait constamment, il était d'une nature facile et avec sa tête toute ronde et des yeux couleur océan. Il ressemblait au baigneur qu'elle avait tellement chéri étant petite.

Manon était heureuse et cette nouvelle naissance agrandissait les parois de son cœur tout en consolidant son bonheur. Sa vie rêvée, elle la vivait. Avec son mari qui avait été mis sur son chemin, et qui lui correspondait tellement. Aujourd'hui elle avait en plus ses deux garçons qui multipliaient chaque jour son amour.

Elle profita de son congé pour vraiment materner, elle voulait profiter pleinement de ses deux enfants avant de reprendre le travail.

Elle savait que la reprise serait un peu stressante, même si en y réfléchissant bien elle avait beaucoup de chance ! Avant de partir en congés maternité, son directeur régional l'avait appelée, il souhaitait la voir. Il lui proposa un rendez-vous.

Elle n'en connaissait pas le sujet et à l'époque ce rendez-vous n'était pas commun.

Il était arrivé à l'heure et tout sourire le jour du rendez-vous qui était prévu dans le bureau de Manon. Ils avaient échangé quelques mots sur sa grossesse et il était rentré directement dans le vif du sujet. Manon essayait de comprendre où il voulait en venir.

« J'ai prévu un maillage avec des créations de postes sur le secteur. » Manon était au courant, l'information avait fuité quinze jours auparavant.

« Pour l'un des postes, j'ai pensé à vous. »

Elle ne dit rien, elle ne comprenait pas qu'il lui parle du poste alors qu'elle partait dans quelques semaines en congés maternité. Il continua sa présentation en expliquant que le temps de tout mettre en place et de constituer les portefeuilles clients, cela correspondrait à son retour de maternité. Elle commençait à comprendre qu'il lui proposait une belle promotion à son retour de congés. C'était à la fois tellement rare et inespéré dans ce contexte.

La mobilité géographique lui permettrait en plus de se rapprocher de son domicile.

Tout était réuni pour que Manon accepte et c'est ce qu'elle fit sans hésiter. C'était un beau cadeau que lui faisait son directeur régional, et cela confirmait l'empathie qu'il avait pour les équipes de son secteur et pour les individus qui les composaient. Il les connaissait tous par leur prénom.

En rentrant ce soir-là, elle éprouvait beaucoup de gratitude envers la vie qui lui souriait régulièrement. Elle remerciait sa belle étoile qui lui dessinait une vie formidable et qui était toujours à ses côtés.

Le jour de la reprise était arrivé et Manon était nerveuse. Elle avait beaucoup à apprendre et elle se demandait, comme à son habitude, si elle allait être à la hauteur.

Elle avait eu beaucoup de chance dans sa vie, ce qui générait régulièrement chez elle ce syndrome de l'imposteur, qui revenait ponctuellement, notamment dans ses moments de doute.

Comme à son habitude, elle commença par faire connaissance avec la nouvelle équipe qui était sympathique, mais quelque peu surprenante. Comme Ricky, son collègue qui monta dans son bureau pour la saluer et qui lui lança en toute décontraction :

« On prend un café ou on… »

Elle préférait ne pas le laisser terminer sa phrase, et se levant brusquement, elle lança :

« Ah chouette, un bon café ! J'en ai bien besoin. »

Elle travaillait beaucoup pour montrer qu'elle était à la hauteur de ce poste, et sa deuxième journée qui démarrait à la maison avec deux enfants en bas âge ne lui laissait pas vraiment de temps pour elle. Mais Manon n'en souffrait pas, elle était heureuse et Étienne s'arrangeait toujours pour qu'ils puissent s'accorder une soirée de temps en temps au restaurant ou au cinéma.

En plus, Manon aimait beaucoup recevoir, cuisiner pour ses invités, ce qui chargeait aussi les week-ends avec tous les préparatifs et la logistique.

C'était une vie à cent à l'heure.

David fit ses premiers pas et grandissait très vite, il restait cool et joyeux, un vrai rayon de soleil. Joseph était protecteur avec lui, il lui apprenait énormément de choses, ils jouaient aussi beaucoup ensemble.

Mais avec deux enfants, des petites chambres et des jouets partout, elle commença avec Étienne à se sentir à l'étroit dans leur maison du bonheur.

Manon regardait régulièrement cette grande maison en face de chez eux, elle la trouvait belle et spacieuse, mais elle n'était certainement pas dans leurs moyens, et surtout… elle n'était pas à vendre…

Mais qu'importe, elle aimait rêver et elle ne s'interdisait jamais de le faire.

Ses rêves se transformaient souvent en véritables projets. Le destin aidant, et sa belle étoile s'en mêlant ; Étienne rentra un soir en expliquant qu'il avait croisé le voisin et ami d'en face. Ce dernier lui avait avoué que lui et sa femme allaient devoir vendre leur maison et repartir vivre auprès de leurs enfants.

Manon qui avait toujours cru aux signes, compris à cet instant que cette maison serait leur future demeure.

« Peut-être peux-tu lui expliquer que nous serions possiblement intéressés ? »

Et cet échange déclencha tout ce qui allait suivre.

Quelques mois suffirent à organiser la vente de leur maison et l'achat de la nouvelle dont elle avait tant rêvé.

Ce fut pour Étienne et elle une véritable étape dans leur vie. Cette maison représentait comme un aboutissement pour eux. Ils n'auraient jamais imaginé pouvoir l'acquérir, mais la période immobilière était propice, leur maison avait pris de la valeur, et généré un apport confortable.

Ils étaient comme des gamins le jour du déménagement, comme un jour de Noël où l'on découvre ses cadeaux.

Ce n'était pas si commun de déménager en face de chez soi, et avec les amis présents ce fut une journée remplie de blagues et de bonne humeur.

Les jours suivants, Manon était complètement absorbée par la décoration de sa nouvelle maison. Elle mit plusieurs semaines à se sentir chez elle, tellement cette maison était un rêve.

Ses enfants avaient de grandes chambres, et la pièce de vie n'était jamais encombrée de jouets, grâce à la présence d'une salle de jeu immense.

Manon était de plus en plus heureuse, son bonheur s'étoffait de jour en jour.

Elle regardait ses garçons grandir et elle trouvait que trois ans d'écart c'était une bonne différence d'âge.

Un soir, alors qu'elle était blottie contre Étienne sur le canapé, elle se projetait à voix haute sur la rentrée scolaire de David en septembre, et sur le fait qu'il soufflerait ses trois bougies en fin d'année. Étienne sourit comme à chaque fois qu'il commençait à comprendre où elle voulait en venir.

Elle le regarda avec son regard de petite fille qui demandait son approbation.

Étienne était un peu hésitant, trois enfants, ça commençait à faire une grande famille et engendrait des besoins différents. Mais elle n'eut pas besoin de le convaincre trop longtemps, elle avait toujours été très connectée avec son mari. Pour chaque projet, ils étaient sur la même longueur d'onde pratiquement tout le temps. C'était une vraie chance.

Ils décidèrent donc de penser au troisième enfant. Quelques semaines plus tard, Manon acheta un test de grossesse. Elle commençait à connaître les signes avant-coureurs, et elle en était certaine, elle était enceinte.

Le test se conclut négatif. Elle ne comprenait pas, elle sentait qu'elle était enceinte pourtant.

Elle attendit quelques jours et cette fois-ci, le test afficha les deux barres verticales qui à chaque fois faisaient bondir son cœur. Elle avait raison, elle l'avait senti.

La grossesse était une fois de plus un pur bonheur pour elle, décidément elle aimait cet état de grâce. C'était une période de plénitude pour elle.

Elle s'apprêtait à entrer dans le cabinet de sa gynécologue pour la deuxième échographie quand Étienne l'appela. Il était tellement peiné et déçu de lui dire qu'il ne pouvait pas la rejoindre… Il avait un rendez-vous qu'il ne pouvait pas annuler. Manon le rassura et lui dit qu'elle le tenait informé.

Elle était à peine arrivée à la maison que la porte du garage s'ouvrait, Étienne avait pris la route une fois son rendez-vous terminé, il était impatient de savoir.

Manon partit à sa rencontre et le regarda descendre de la voiture. Ils étaient tous les deux dans le garage. Étienne tenait la portière qu'il n'avait pas encore fermée et restait face à sa femme, la regardant dans l'attente :

« Tu veux savoir ? » lui demanda Manon.

Il hocha la tête, visiblement impatient.

« C'est une fille ! »

Étienne ne put retenir un geste de victoire, il était heureux et Manon était comblée.

8

La vie est agréable à celui qui voit toujours se dessiner à l'horizon de belles perspectives pour lui.

Jacques Nteka Bokolo

Manon était si heureuse, elle attendait cette fois-ci une petite fille et elle se disait que la vie faisait si bien les choses. La grossesse était sereine, pas d'ombre au tableau, elle avait juste une envie incompressible de fruits ; de salades de fruits frais : ananas, mangue, melon, kiwi… C'était sa gourmandise ultime.

La rentrée de David se préparait, il était tellement heureux d'aller à l'école avec son grand frère. Manon souriait, elle allait de nouveau faire une rentrée avec un ventre de 6 mois, mais cette fois-ci elle tiendrait bon, et elle ne traverserait pas la cour en sanglots comme pour la rentrée de Joseph ! C'était un souvenir tellement gênant. C'étaient les enfants qui étaient censés pleurer ce jour-là, pas leurs mamans !

Elle avait préparé les faire-part, et les avait décorés elle-même. La confection lui prenait beaucoup de temps, mais elle voulait s'occuper, créer. C'était sa façon à elle de se reposer, de se vider la tête.

L'automne s'était installé, avec sa météo grise, brumeuse et pluvieuse.

Manon était patiente et elle profitait de ces beaux moments de femme enceinte, qui seraient sans doute les derniers. Étienne avait su lui faire comprendre qu'une famille de trois enfants c'était déjà très bien. Qu'au-delà ce serait compliqué de les élever en maintenant leur vie actuelle, en travaillant tous les deux. Il pensait qu'avoir des enfants et ne pas pouvoir s'en occuper et les élever correctement n'était pas une bonne décision et il avait raison. Manon savourait donc ces derniers moments de plénitude en pensant et en imaginant sa petite fille qui serait bientôt dans ses bras.

Les garçons avaient bien compris que l'arrivée du bébé était pour bientôt, mais ils n'étaient pas forcément impatients de voir débarquer une fille dans leur fratrie.

Ce soir-là, Manon s'était couchée épuisée. La journée avait été longue, et les garçons, chronophages. Elle s'allongea et s'endormit presque aussitôt. Elle est au travail et en retard pour la réunion hebdomadaire. Elle attrape l'ascenseur in extremis et saute à l'intérieur. Les portes se referment et elle voit les numéros lumineux s'allumer et s'éteindre au fur et à mesure des étages. Quand tout à coup, plus rien… La cabine s'arrête brutalement et les boutons ne s'allument plus. Elle est coincée dans cet ascenseur, les bras chargés de dossiers, et elle va être très en retard pour la réunion. Tout à coup, elle sent son pantalon rétrécir, il commence à se serrer, serrer toujours plus fort… Manon se réveille en sursaut, il est 5 h 17, elle est trempée de sueur et elle réalise que ce n'était qu'un cauchemar… Elle se redresse et s'assoit sur le lit. Manon comprend, à cet instant, que c'est son ventre qui serre ; doucement puis de plus en plus violemment, comme un vague qui monte en elle, ce sont des contractions…

Elle se rallonge et calcule les minutes entre chaque, mince… C'est beaucoup trop proche, il faut partir maintenant.

Elle réveille Étienne, il s'habille rapidement, il appelle la petite voisine qui se tenait prête depuis une semaine. Cinq minutes après, elle frappait à la porte, elle se coucha dans la chambre du rez-de-chaussée. Elle avait déjà toutes les consignes pour s'occuper des garçons à leur réveil.

Manon était sereine dans la voiture, elle avait quelque chose en tête : accoucher sans péridurale.

Elle se disait que si c'était son dernier accouchement, elle voulait le vivre pleinement.

À son arrivée à la maternité, on la prend en charge rapidement et elle est installée dans une chambre. Les contractions se rapprochent et Manon qui tenait bon jusqu'ici, commence à douter de son choix initial. Allait-elle pouvoir tenir sans cette anesthésie qui soulage tellement ? La fatigue de la veille était bien présente. Elle n'avait pas assez dormi pour récupérer suffisamment. La sage-femme qui surveillait l'évolution du travail lui dit d'une voix réconfortante :

« Je comprends votre souhait d'accoucher naturellement, mais si les contractions durent, vous allez vous épuiser, et pour la délivrance, nous avons besoin de vous en pleine forme. »

Elle avait raison, Manon accepta la péridurale car elle sentait bien l'épuisement la gagner.

L'anesthésiste fit son entrée et elle regretta aussitôt son choix. Il lui paraissait si jeune et il semblait manquer d'expérience. Elle sentit sa main trembler dans son dos. Prise de panique, elle s'imaginait devenir paraplégique, elle cria presque :

« Je vais y arriver, pas besoin de péridurale ! »

« Mais madame j'ai déjà commencé, j'y suis presque, voilà c'est terminé. »

Elle se surprit à bouger les orteils, les pieds, les jambes, histoire de vérifier que tout fonctionnait bien.

Il était l'heure de passer en salle d'accouchement. Étienne était toujours présent, ça la rassurait de le savoir à ses côtés.

Elle avait de plus en plus mal et elle sentait le bébé descendre, elle ne comprenait pas, elle ne ressentait pas le soulagement que devait lui apporter la péridurale. Elle demandait à l'anesthésiste si elle avait été faite trop tard car cela devenait une évidence, ça ne fonctionnait pas, elle ressentait tout... Il répondit qu'il ne comprenait pas et lui réinjecta une dose.

Le bébé ne mit pas longtemps à pointer son nez et Manon compris aussitôt qu'il se passait quelque chose, les sages-femmes s'agitaient anormalement... ça ne se passait pas comme prévu...

Le gynécologue de service avait été appelé... Le bébé avait non seulement le cordon autour du cou, mais il avait ingéré le liquide amniotique qui était saturé et le bébé risquait de s'empoisonner. Il fallait de toute urgence le sonder.

On sortit sa merveilleuse petite fille et rapidement, on la présenta à Manon qui eut à peine le temps de remarquer ses jolis yeux bleus encadrés de grands cils bruns, car la sage-femme l'emporta rapidement. Son assistante la suivit. Manon paniquée, se tourna vers Étienne et lui demanda de les suivre, elle voulait absolument garder le contact avec sa fille, elle avait trop lu de témoignages d'échange de bébés ou d'erreur. Elle n'arrivait plus à se raisonner. Étienne l'embrassa et lui murmura :

« D'accord, je vais suivre notre petite Juliette. »

Manon sourit sous les larmes qui inondaient son visage.

Elle se retrouvait tout à coup, seule dans cette pièce, froide, la lampe en plein visage et la pendule en face d'elle qui indiquait 10 h 10. Manon se demandait si Étienne allait réussir à joindre sa mère et ses sœurs pour leur annoncer cette magnifique nouvelle. Les minutes passaient et elle commençait à trembler ; la fatigue certainement. Elle avait froid aussi avec seulement un drap sur elle, et espérait que tout allait bien pour sa fille…

Mais pourquoi personne ne revenait, pourquoi la laissait-on seule aussi longtemps ?

Enfin, la sage-femme entra, suivi de près par Étienne ; elle portait Juliette dans ses bras et rassura Manon sur le fait que, maintenant, tout allait bien.

Elle prit délicatement sa fille dans ses bras, contempla ce visage si pur et ses traits si fins. Elle était si jolie. Elle leva les yeux vers Étienne qui était tellement heureux et semblait complètement amoureux de la scène qu'il avait devant les yeux.

Une nouvelle aventure à cinq démarrait, et Manon ressentait à ce moment précis une grande fierté d'avoir créé cette famille avec Étienne. Elle était fière et comblée.

Le retour à la maison était attendu, les garçons trépignaient d'impatience et ils étaient déjà protecteurs avec leur petite sœur.

La vie à cinq se mit en place et c'était une véritable organisation. Manon voulait mener tout de front, mais elle devait aussi penser à se reposer, c'était impératif pour l'allaitement. Elle sentait ses nerfs à fleur de peau. Elle voulait malgré tout continuer à être forte, elle devait faire face. Elle pensait à sa maman qui avait eu neuf enfants… Elle avait tellement bien géré, contrairement à elle qui commençait à se laisser déborder.

Heureusement, elle dormait bien la nuit. Entre deux allaitements, Étienne se levait pour aller chercher Juliette quand elle avait faim et il la déposait dans le lit pour que Manon allaite allongée et encore à moitié endormie. Il était si prévenant. Il voulait participer et il le faisait à merveille. Manon avait toujours bien dormi contrairement à Étienne qui subissait des nuits hachées et de longues insomnies. Il l'aidait beaucoup, mais lui aussi était fatigué.

Toute la petite famille finit par trouver ses marques et Manon savourait cette chance que tous soient en bonne santé, elle profitait de ce cadeau d'avoir pu donner naissance à trois magnifiques enfants.

Elle était fière, heureuse et reconnaissante, sa vie rêvée continuait de se dessiner devant ses yeux.

***

Manon reprit le travail.

Les premières années, avec tout à gérer : son travail, sa maison, et ses trois enfants, ressemblaient à une mécanique tellement bien huilée que cela ne laissait guère de temps pour l'improvisation. Étienne l'aidait beaucoup, mais il avait du mal à surmonter sa fatigue devenue très présente. Ils avaient d'un commun accord décidé de moins recevoir le week-end pour profiter des enfants, et essayer de se reposer un maximum.

Les quatre premières années de Juliette passèrent très vite et les quarante ans d'Étienne se profilaient. Manon voulait faire quelque chose pour lui pour lui faire plaisir, il faisait tellement pour elle.

Elle lançait des invitations pour la date qu'elle avait imaginées quelques mois avant et c'était parti, maintenant elle n'avait plus le choix, il fallait imaginer de A à Z cet anniversaire surprise et surtout le préparer sans rien laisser fuiter.

Elle eut rapidement l'idée d'un week-end entouré de ses meilleurs amis et des personnes qui avaient compté pour lui. Elle se résignait à abandonner l'idée d'inviter la famille, qui faisait exploser le compteur des convives.

Elle trouva le site avec gîte et elle se lançait dans la recherche des traiteurs. Elle voulait que ce soit une belle fête pour Étienne, il avait passé ces derniers mois à jongler entre son travail et les enfants et sa charge mentale était passée dans le rouge à de nombreuses reprises. Il était de nature stressée et ça n'aidait pas à prendre du recul.

Manon était souvent inquiète pour lui et elle rêvait qu'il soit enfin serein. Qu'il puisse voir la vie comme elle la voyait : simple, facile et belle.

Il allait mieux dernièrement et elle se disait que cette grande fête allait clore ce passage compliqué pour lui et qu'elle lui permettrait de tourner la page vers un avenir positif.

Les semaines passaient et Manon était de plus en plus mal à l'aise de lui cacher tous les préparatifs. Elle devait lui mentir pour qu'il ne se doute de rien et ça lui pesait de plus en plus.

La veille du grand jour, avant d'éteindre la lumière, elle jeta un œil à son téléphone pour voir la météo du week-end ; puis elle appuya sur l'interrupteur de la lampe de chevet, elle se tourna vers Étienne pour l'enlacer, dans l'obscurité et la chaleur de ses bras. Elle sourit, ravie que le soleil soit de la partie le lendemain.

Elle se préparait comme pour aller au travail, comme tous les samedis matin, son sac de rechange était déjà dans la voiture ainsi que la valise d'Étienne avec toutes ses affaires pour le week-end.

Manon était excitée, et stressée aussi. Étienne la saisit par la taille avant qu'elle ne parte et il lui fit un baiser appuyé.

« Bonne matinée, ma chérie, travaille bien. Tu n'as pas trop de rendez-vous ? »

« Si. Toute la matinée, je serai difficilement joignable. »

Encore un mensonge, elle ne supportait plus… Heureusement que tout cela se terminait bientôt !

Elle arrivait au gîte pour accueillir les invités.

Le scénario prévu était que Grégoire passe chercher Étienne en fin de matinée pour lui demander un coup de main afin de monter une structure pour une fête le soir.

Tous les invités seraient cachés et Étienne les découvrirait sur une chanson dont les paroles seraient revisitées.

« On est riche que de ses amis » de Calogéro.

Tout le monde était en place et Manon était au bord de la crise cardiaque.

Étienne arriva comme prévu avec Grégoire. Elle les entendait plaisanter, et la porte du gîte s'ouvrit. La chanson démarra et Étienne était face à l'assemblée, complètement sonné. Manon croisa son regard et ce qu'elle n'avait pas du tout prévu, c'est que l'émotion la submerge. Elle éclatait en sanglots de joie profonde, c'était comme une délivrance de toutes ces semaines de complots.

Étienne était aux anges, et Manon était tellement soulagée. Pendant qu'il se changeait, elle lui racontait comment elle avait dû lui mentir pour mener ce projet au bout. Étienne sentait qu'à travers ces mots, elle lui demandait pardon. Il la prit dans ses bras :

« Mais ma chérie, je ne t'en veux pas du tout, bien au contraire, c'était pour la bonne cause ! Comme je te suis reconnaissant d'avoir fait tout ça pour moi… » Ils s'embrassèrent et ces quelques mots finirent définitivement de rassurer Manon. Ils avaient rejoint leurs invités et le week-end pouvait démarrer.

Il fut à la hauteur des espérances et tout le monde semblait profiter de ce moment privilégié entre amis.

Ils avaient tous les deux construit une belle vie, une vie simple, pleine de projets, entourés de leurs enfants et Manon en était persuadée, elle connaissait la définition du bonheur.

9

Il n'y a pas de honte à préférer le bonheur.

Albert Camus

Manon est à table avec Étienne et les enfants. C'est le jour de ses 50 ans. Comme à son habitude, elle veut faire de ce moment un moment important, magique, inoubliable. Elle veut les remercier d'être là, leur dire à quel point elle les aime. C'est important pour elle, d'insister sur ces phrases qu'on ne se dit jamais assez. Elle a préparé un bon repas et dressé une belle table avec de la vaisselle chic et raffinée qu'elle a chinée. C'est sa passion depuis quelques années. Elle a pris soin d'y ajouter des éléments de déco assortis à la nappe et aux serviettes. Elle a le sens du détail et elle aime que l'harmonie soit présente au premier regard. En ce jour particulier, elle a aussi préparé un petit mot qu'elle souhaite lire à ses enfants avant de démarrer les festivités. Elle veut leur partager sa vision du bonheur et leur dire à quel point la vie est belle malgré les embûches et les impondérables. Leur dire de garder confiance, de ne jamais douter malgré les imprévus.

« Mes chéris… Je suis tellement heureuse que nous soyons réunis, vous savez que ces moments passés tous ensemble me remplissent de bonheur.

Nous cherchons tous le bonheur et nous rentrons alors dans une quête que nous croyons longue et compliquée, sans avoir réfléchi à ce qu'il était vraiment. Nous pensons tous qu'il y a une définition précise et applicable à chacun, et qu'une fois trouvée nous serons à l'abri de tous les problèmes qui nous entourent, mais on se trompe.

C'est aussi pour cette raison que cette recherche est souvent le parcours de toute une vie pour certains et parfois sans résultat pour la plupart.

Il existe bien une définition du bonheur qui décrit un état de satisfaction sur le long terme, à ne pas confondre avec le plaisir qui est un état passager. Mais le bonheur, ce qui va rendre quelqu'un heureux, va prendre une forme différente suivant les individus, suivant leur éducation, leur construction dès la petite enfance, et aussi leur personnalité.

Il y a néanmoins un socle qui est commun à tous et qui est extrêmement simple.

Le bonheur est un état de satisfaction, c'est vrai, mais il faut définir et réfléchir à ce qui nous satisfait avant de rentrer dans cette quête.

Nous sommes différents par nos caractères, nos degrés de résistance aux problèmes, au stress… et donc le fait de se retrouver dans un état de satisfaction, de plénitude, de sérénité nécessitera un cheminement différent pour chacun, c'est un processus très personnel.

Il faut d'abord réfléchir à ce qui nous rendrait heureux, et le visualiser. Ensuite, il est nécessaire de hiérarchiser et classer nos priorités dans la vie, savoir évaluer le nécessaire pour nous et définir le superflu. Classer les grands pôles : famille, travail, vie sociale, temps libre…

Savoir ce qui est vraiment important pour nous et à quel degré de nécessité nous le situons.

Une fois ce classement fait dans notre tête, et seulement à ce moment-là, nous pouvons être acteurs de notre bonheur, puisque nous aurons défini nos priorités.

C'est pourquoi le bonheur est différent pour chacun, car nous n'avons pas les mêmes priorités dans la vie.

"Par exemple, toi David ?"

"Oui, Maman."

"Est-ce que tu dirais que tu es malheureux ?"

"Non, je ne pense pas."

"Alors peut-être es-tu tout simplement heureux ? Et si c'était aussi simple que cela ?"

Pourquoi vouloir se persuader que le bonheur est un état de plénitude total et permanent ?

Il peut, en effet, y avoir des degrés dans le bonheur, une graduation que l'on se crée. Par exemple, on est plus heureux en vacances qu'au travail, devant un coucher de soleil l'été que devant son ordinateur en plein hiver… Mais pourquoi ne serions-nous pas heureux devant notre ordinateur en plein hiver ? Parce que cela ne fait pas partie des stéréotypes du bonheur dont on nous abreuve à longueur de journée, sur les réseaux sociaux, dans les publicités ou les films.

Ce que je veux dire est que l'on nous donne une image toute faite du bonheur, et l'on nous fait croire que c'est forcément celle-ci. Mais pourquoi y croire ?

Des milliers de personnes aujourd'hui disent ne pas être heureux à cause de ces idées préconçues.

Le bonheur, on se le crée en fonction de ses priorités et de la vie que l'on souhaite mener.

Ne soyons pas orgueilleux ou jaloux, préférons les choses simples et nous retrouverons la route du bonheur.

Certaines personnes ayant peu de moyens sont parfois bien plus heureuses que d'autres qui sont riches. Pourquoi ?

Parce qu'elles savent apprécier ce qu'elles ont, apprécier les choses simples, les petits plaisirs qui ne requièrent pas forcément d'avoir de l'argent, du pouvoir ou de la reconnaissance.

Simplement un moment simple à rire, un moment de partage avec ceux qu'on aime, ou une balade sur la plage ou dans la forêt à observer, à profiter des parfums, du soleil sur la peau, et de la beauté de la nature.

Et si le bonheur c'était cela ? Avoir la chance de profiter de tout ce qui nous entoure, de chérir ceux que nous aimons, de rire, de respirer ! »

« Posez-vous un moment, mes chéris, et réfléchissez. Vous ferez peut-être le constat que vous êtes déjà très heureux. Dans tous les cas, je voulais vous dire que moi je le suis vraiment.

Je vous aime tellement… Vous faites partie intégrante de mon bonheur. »

Remerciements

Merci !

À mes premières lectrices, Delphine, Geneviève, Marie-Hélène, Annabelle, Laetitia, Emilie, Elodie, Rosy et enfin ma Charlotte, vous qui m'avez rassurée et encouragée à publier cette histoire.

Et merci du fond du cœur, chers lecteurs, de m'avoir lue jusqu'au bout.

J'espère sincèrement que vous aurez aimé lire ces quelques pages.

J'ai commencé à écrire ce livre avec mon cœur et je l'ai terminé à cause de mon cœur.

Pensez à tous ceux qui vous entourent et que vous aimez, ceux qui cherchent toujours leur bonheur et qui peinent à le trouver : offrez leur *Vivre à la belle étoile* car cette histoire, cette expérience de vie appartient à tout le monde, et elle n'est certainement pas unique.

En leur offrant ce livre, vous leur transmettrez, je l'espère, ce message positif que le bonheur est certainement déjà sous leurs yeux. Croire en son étoile et la suivre pour avancer vers son destin est déjà un immense bonheur.

MERCI du fond du cœur et soyez heureux !

Imprimé en France
Achevé d'imprimer en décembre 2024
Dépôt légal : novembre 2024

Pour

Le Lys Bleu Éditions
40, rue du Louvre
75001 Paris